CIP-Titelaufnahme der Deutschen Bibliothek

Ulrich Baenz; Dr. Franz Jeschek
Koserow - Das Juwel der Ostsee

-1.Auflage
Peenemünde, Verlag & Vertrieb Axel Dietrich, 1994
ISBN 3-930066-19-X

IMPRESSUM

1. Auflage
© by Verlag & Vertrieb Axel Dietrich; 17449 Peenemünde; 1994
Verlag für historisch-heimatgeschichtliche Literatur

Text: Ulrich Baenz; Dr. Franz Jeschek
Satz & Grafik: COMIX-Werbeagentur; Wolgast
Druck: Hoffmann-Druck-GmbH; Wolgast
Herstellungsleitung: Axel Dietrich; Peenemünde
Verlag & Vertrieb Axel Dietrich; Bahnhofstraße 28; 17449 Peenemünde
Tel.u.Fax: 038371/20479; 20724
ISBN 3-930066-19-X

Koserow
Das Juwel der Ostsee

Ulrich Baenz
Dr. Franz Jeschek

AXEL
DIETRICH

VERLAG

Stimmungsbilder aus Koserow
Rudolf Knop, 1938

Bist Du müde von dem Treiben,
Das die Großstadt mit sich bringt, -
Laß Dir eine Zeit verschreiben,
Die die Kräfte neu beschwingt,
Die Dir macht die Seele froh, -
Fahre hin nach Koserow!

Gehst Du dort am frühen Morgen
Durch den hohen Buchenwald,
Ach wie fallen Deine Sorgen
Von Dir ab, so leicht, so bald:
Du allein auf Bergeshöh; -
Unten tief die blaue See!

Stehe still, um hier zu lauschen,
Schau hinaus in Glanz und Licht!
Höre, wie mit leisen Rauschen
Unten Well' auf Welle bricht.
Schöner ist's dann nirgendwo,
Als im stillen Koserow!

Aber bald erwacht das Leben!
Bunte Fülle herrscht am Strand!
Diese in die Wogen streben,
Jene ruh'n im Dünensand!
Und die Sonne brennt mit Lust
Rot und braun so manche Brust!

Wege locken Dich zur Ferne
Weithin durch das grüne Land, -
Schiffe tragen Dich so gerne
Noch an manchen andern Strand, -
Aber immer wieder froh
Landest Du in Koserow!

Schönes Bad, dich muß man schauen
Dankbar sei von uns gegrüßt.
Hier kann auch der Hütten bauen,
Dem das Geld bescheiden fließt.
Schlicht und doch so flott und froh!
Darum wieder Koserow!

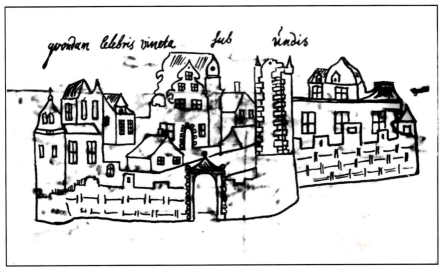

Zeichnung von Vineta auf der schwedischen Matrikelkarte von Koserow, aus dem Jahre 1693

Vorwort

Wenn Sie die Extreme der Insel Usedom suchen, dann sind Sie hier im Ostseebad Koserow richtig. Unser Ostseebad befindet sich genau in der Mittel der Insel. Wenn Sie auf dem neu angelegten Fahrradweg, der auf dem Deich schnurgerade aus Richtung Wolgast kommt und direkt zum Ortseingang führt, genau an der Stelle verweilen, wo Sie auf der einen Seite das Achterwasser und auf der anderen die Ostsee sehen und hören, dann befinden Sie sich in unserer Gemarkung, am Rieck, der schmalsten Stelle der Insel. Sollte Sie aber die Wanderlust durch den schönen Buchenwald auf den Streckelsberg führen, von wo aus Sie eine wunderbare Aussicht haben, dann stehen Sie an der höchsten Stelle der Küste der Insel Usedom. Hier in den Klippen des Berges soll auch der sagenumwobene Klaus Störtebeker seine erbeuteten Schätze versteckt gehalten haben. Ein Stück zurück in Richtung Westen, wo unser Ostseebad nur noch von der Flachküste gekennzeichnet ist, können Sie, wenn Sie an einem ruhigen Sonntagmorgen auf der neu errichteten Seebrücke oder in den Dünen stehen, die Glocken der einst versunkenen Stadt Vineta hören. Sollte Ihnen aber der Sinn nach etwas Unterhaltung,

Informationen und Menschennähe stehen, dann gehen Sie nur einige Schritte weiter in das teilweise unter Denkmalsschutz stehende Salzhüttengelände. Hier sind die Koserower Fischer zu Hause, denen Sie bei der Arbeit zusehen und mit denen Sie sich, ob auf Hochdeutsch oder Platt, unterhalten können. Es sind die Leute, die Koserow und seine alte und neue Geschichte wie aus der Westentasche kennen und Ihnen so ganz nebenbei auch mal ein paar Leuschen auftischen können. Langsam gewinnt unser Ort auch wieder an Farbe. Viel Neues entsteht und hat sich bereits etabliert. Kommen Sie ganz einfach mal in unser Ostseebad. Besuchen Sie uns und überzeugen Sie sich von dem, was extra zum Wohlbefinden der Einheimischen und Urlauber neu entsteht und von dem, was wir hüten und erhalten, um das einmalige Flair des größten Seebades der kleinen Orte an der Usedomer Ostseeküste zu erhalten. Haben Sie von all den möglichen Varianten des Aktivurlaubs oder des Umsehens genug, dann legen Sie sich an den langen, breiten und feinen Sandstrand und lassen sich von der Sonne und dem Wasser umspielen. Also ein Besuch und nicht nur einer lohnt sich. Das Logo der Insel Usedom "Viel Geschichte, Grün und Strand" trifft hervorragend den Charakter unseres Ostseebades Koserow. Freuen Sie sich auf dieses Buch, der ersten zusammenhän-genden Schrift von Koserow nach 127 Jahren, und auf eine Begegnung in unserem Seebad - dem Juwel der Ostsee - .

Martina Jeschek Bürgermeisterin

Auf den Spuren des Ortes Koserow

Thomas Kantzow, der sich schon im 15. Jahrhundert um die Erforschung der Geschichte Pommerns verdient gemacht hat, läßt uns wissen, daß die Insel Usedom früher von Germanen, später von Circipanern und Wenden besiedelt war. Herr Willi Lampe, Bodendenkmalpfleger aus Ahlbeck, berichtet über Hortfunde aus der Bronzezeit auch in Koserow. Diese Aussagen weisen darauf hin, daß am Streckelsberg*) schon lange vor Christi menschliche Ansiedlungen bestanden. Zieht man in Betracht, daß das Profil der Insel sich vor Hunderten von Jahren noch deutlich von dem heutigen unterschied, so wird klar, daß Ansiedlungen besonders dort entstanden, wo sie vor Hochwasser und Sturmfluten geschützt waren, nämlich auf den Anhöhen, wie z. B. am Streckelsberg. Zwischen Bannemin und Zinnowitz, Zempin und Koserow sowie zwischen Kölpinsee und Stubbenfelde waren Ostsee und Achterwasser zeitweise direkt miteinander verbunden. Wind und Sturmfluten verwandelten diese Teile der Insel oftmals in reißende Ströme. Auf den Landerhebungen ließ es sich deshalb zu jener Zeit leben. Der Fischreichtum des Achterwassers, die Jagd sowie Ackerbau und Viehzucht ernährten die Menschen. Erst die Geschichtsschreibung des Mittelalters sowie alte Dokumente und Urkunden der Pommernfürsten sowie der hier angesiedelten Prämonstratenser-Mönche bringen Licht in die Vergangenheit.

So scheint uns jedes Dokument aus jener Zeit als ein Schritt durch eine Tür in ein bekanntes, unbekanntes Land. Die Pommernherzöge wußten, daß die Zeit die Erinnerungen auszulöschen vermag. So finden wir oft folgende Zeilen ihren Dokumenten und Urkunden vorangestellt: "Da des Menschen Leben kurz ist, die Zeit aber lange währt, so vernichtet das Vergessen im Laufe der Zeit das Andenken an Verhandlungen, wenn sie nicht durch Briefe und angehängte Siegel bestätigt werden." Wir erfahren durch ihre Sorgfalt erst offiziell aus einer Urkunde aus dem Jahre 1347, die im Staatsarchiv Greifswald aufbewahrt ist, von der Existenz des Ortes

---

*) Die Autoren haben sich in dieser Schrift dafür entschieden, für den "Streckelberg" die moderne Schreibweise "Streckelsberg" zu verwenden.

Cuzerowe, als der Herzog Barnim zu Pommern-Wolgast dieses Gebiet im Lande Bukow (Land der Buchen) auf der Insel Usedom den Prämonstratenser Mönchen schenkte, um hier eine christliche Kirche zu errich-ten. Pfarrer Albertus aus Cuzerowe war im gleichen Jahr zu Gast im Kloster Pudagla. Strittig ist bis heute die Herkunft des Ortsnamens Cuzerowe, der aus der wendischen Bezeichnung Kos = Amsel oder Koze = Ziege herrühren soll und soviel bedeuten würde wie Amselort oder Ziegenort. Andere Sprachforscher leiten den Namen Koserow aber auch von dem wendischen Personennamen Koser (slavisch Kosara) ab, in der Annahme, daß ein Mann dieses Namens der Gründer des Ortes war. Koserow wird jedenfalls durch seinen Namen treffend charakterisiert. Kosende, erfrischende und belebende Lüfte umfluten den Ort in den Sommermonaten. Selbst die trockene Sommerhitze ist hier, infolge der Lage des Ortes zwischen zwei großen Gewässern und dem herrlichen Buchenwald, erquickend und labend. Wenn auch die Zeit einen dichten Schleier über die ferne Vergangenheit geworfen hat, so trugen doch Sagen und Legenden dazu bei, daß Koserow in den vergangenen Jahrhunderten immer wieder von sich reden machte. Das kleine, unscheinbare Kirchdorf am Streckelsberg wurde berühmt durch das vorgelagerte Vineta-Riff in der Ostsee, durch den von seinem Pfarrer Wilhelm Meinhold geschriebenen und im Jahre 1843 erschienenen Roman "Die Bernsteinhexe" und schließlich durch die Sturmfluten, die den Ort heimsuchten.

Am Fuße des Höchsten Berges unserer Insel Usedom - dem Streckelberg - liegt herrlich gelegen im Buchenwald das

Gutbürgerliche Küche reichhaltiges Fischangebot hausgebackener Kuchen

Restaurant und Cafe " Zum Streckelberg "

Inhaber E. & C. Reich
Meinholdstraße 25, 17459 Koserow, Tel. (038375) 202 72

In den Sommermonaten Seemanns- und Familienabende

Bäckerei - Konditorei - Cafe Wolfsteller

Inh. Valentin / Richter GbR
17459 Koserow, Hauptstraße 27
Mo - Fr 6.30 - 18.00 Uhr
Sa 6.30 - 12.00 Uhr
So 14.00 - 17.00 Uhr

**NIKE
ADIDAS
KangaRoos**   Inh. A. Knuth

PUMA Sport u. Freizeit

17459 Koserow, Hauptstraße 48, Tel. 307

Koserow und Vineta

Betrachtet man die Lubin'sche Karte aus dem Jahre 1618, so findet man Vineta, jene sagenhafte, versunkene Stadt, wenige Meilen vor Damerow in der Ostsee liegend eingezeichnet. Von Generation zu Generation erzählten sich die Menschen die Sage von jener legendären reichen Stadt, die im Meer versunken sei und von der bis 1823 noch hoch aus dem Wasser herausragende Felsblöcke sichtbar waren. Manches Schiff ist an diesem Riff zerschellt oder in Seenot geraten. Fischer gaben damals so detaillierte Schilderungen über die Lage der Felsblöcke, daß die Geschichtsschreiber und Wissenschaftler sich angesprochen fühlten, das Riff genau zu untersuchen. Die Vinetafrage bewegte auch die Forscher der Universität Greifswald. In dieser Sache hielt 1893 Herr Direktor Kröcher einen Vortrag, über den der "Wolgaster Anzeiger" in seiner Ausgabe Nr. 21 vom 18. Februar 1893 berichtete: "Die allbekannte Sage von einer Stadt namens Vineta, die im 5. oder 6. Jahrhundert n. Chr. in der Gegend zwischen Damerow und Zempin auf der Insel Usedom gegründet sein soll, ist allen bekannt. Ihre Einwohner, zusammengeströmt aus aller Herren Länder, unter freier Religionsausübung, trieben reichen Handel und pflegten einen vielseitigen Schiffsverkehr. Sie häuften dadurch derartige Schätze in ihrer Stadt an, daß Edelmetalle für gering geachtet wurden. Durch diesen Überfluß seien die Sitten der einst so gutgesinnten, obwohl heidnischen Bewohner so sehr ins Wanken gekommen, daß ein Strafgericht Gottes hereingebrochen und die ganze Stadt, nachdem ein Nordoststurm Jahre lang gegen die Mauern gewütet hatte, vom Meere verschlungen worden sei. Nur ein Priester habe sich mit Weib und Kind gerettet.
Eine andere Überlieferung erzählt, daß die Stadt von den Dänen zerstört und dem Erdboden gleichgemacht sei und eine dritte verschmilzt beide miteinander.
Noch seien die Überreste der einst so herrlichen Stadt am Meeresboden sichtbar, noch könne man die Fundamente der prächtigen Häuser, das Pflaster der Straßen und Marmorsäulen sehen. Die Sage wird dadurch bestärkt, daß in der Gegend, wo man die Wunderstadt am Boden des

Meeres vermutete, des öfteren Schiffe strandeten. Über das Datum des Untergangs der Stadt berichtet die Sage nichts. Die Geschichtsschreiber und Chronisten wissen es auch nicht genau. Anzunehmen ist, daß die Katastrophe um das Jahr 1000 stattgefunden hat.

War denn nun um diese Zeit eine solche Stadt an den Gestaden der Ostsee

Vineta

Auf dem Streckelberge zwischen grünen Bäumen,
An dem schönen Koserower Ostseestrand,
Überkommt mich wundersames waches Träumen,
Und ich schaue sagenhaftes Vorzeitland.

Wenn die schweren Schatten sich herniederneigen,
Wenn die Nacht sich senket auf das weite Meer,
Sehe ich Vineta aus den Fluten steigen,
Und es liegt vergessen alles um mich her.

Auf Vinetas buntbewegten schmalen Gassen
Drängt sich sorglos lachend Mann und Weib und Kind.
Nur der alte Dom steht einsam und verlassen
Und durch seine leeren Fenster streicht der Wind.

Von dem Turm des Domes gibt ein Glockenschlagen
Dir die mitternächt'ge Geisterstunde kund. -
Da versinkt der Spuk aus längst vergangnen Tagen
Wieder auf den gierig-tiefen Meeresgrund.

Hans Bosse

möglich? Wir erfahren, daß diese Frage mit Nein beantwortet werden muß. Erstens hatte Pommern nicht die Gelegenheit, lebhafte Aus- und Einfuhr zu betreiben, denn das Land brachte nur wenig hervor, was zur Ausfuhr geeignet gewesen wäre und dürfte sich auf Bernstein, Salz, Honig, Pferde, Sklaven und höchstens noch Holz und Fische beschränkt haben. Die Einfuhr konnte daher ebenfalls nur sehr unbedeutend sein.

Ferner war es auch ganz unmöglich, daß die Stadt aus Steinen erbaut und die Straßen gepflastert gewesen seien, denn alle slavischen Städte bestanden zu damaliger Zeit aus Lehmhütten, und an das Pflastern der Straßen dachte niemand. Wir wissen von Julin, dem heutigen Wollin, und von Camin, daß beide Städte um jene Zeit nur aus jämmerlichen Bauten bestanden. Also, die Sage von der einstmaligen Pracht und dem Reichtum Vinetas ist auf Phantasie des Volkes und der Geschichtsschreiber zurückzuführen. Es handelt sich nun darum, zu ermitteln, ob überhaupt eine Stadt in der fraglichen Gegend gelegen hat. Wenn wir daran denken, daß um die Zeit Vinetas bei Damerow eine schiffbare Verbindung zum Achterwasser, zum Haff und zur Oder bestand und sich das Land viel weiter ins Meer als heute erstreckt hat, so ist nicht anzunehmen, daß Vineta hier einst lag. Und wenn das Dunkel auch kaum mehr gelichtet wird, so wird das Volk sich doch sein Vineta nicht nehmen lassen.

Fischerszene am Strande von Coserow

" Es ist erwiesen, daß die Vinetasage und das Vineta-Riff immer wieder das Interesse der Menschen auf sich lenkte. Selbst König Friedrich Wilhelm IV. (damals noch Kronprinz) zeigte großes Interesse an Geschichten und Sagen. Er ließ sich eine Übersetzung der Sage aus dem

Lateinischen vom Koserower Pfarrer Meinhold zusenden und beschloß auf der Rückfahrt von einer Inspektionsreise von Stralsund nach Swinemünde im Jahre 1827, dem Vineta-Riff einen Besuch abzustatten. Zugleich war beabsichtigt, danach an der Taufe des Söhnleins des Pfarrers Meinhold teilzunehmen und die Patenschaft zu übernehmen. Die Besichtigung des Vinetariffs mit einem Lotsenboot, dem große Vorbereitungen in Koserow vorangegangen waren, verlief jedoch kürzer als vorgesehen. Ein plötzlich aufkommender Sturm führte zur Entscheidung, statt an der Taufe teilzunehmen, unmittelbar Swinemünde anzulaufen. Die harrende Menge am festlich geschmückten Strand mußte zusehen, wie das Boot mit dem Kronprinzen und Wilhelm Meinhold an Bord ihren Blicken in Richtung Swinemünde entschwand. Meinhold kam erst am nächsten Tage per Wagen nach Koserow zurück und nahm nun die Taufe seines Sohnes ohne den hohen Paten vor. Die Vinetaproblematik fand jedoch eine Fortsetzung. Der Vollständigkeit halber sei hier erwähnt, daß im 10. Jahresbericht der Geographischen Gesellschaft zu Greifswald (Wolgaster Anzeiger Nr. 69 vom 23. 3. 1906) eine bemerkenswerte Aussage durch Herrn Decke über Vineta erfolgte. Decke führte u. a. aus: "Bis jetzt war man nicht darauf gekommen, die Berichte der alten Chronisten genau auf ihre Wahrscheinlichkeit betreffs Vineta zu prüfen, sondern hatte einfach an mehr oder weniger grundlose Sagen gedacht. Aber die Berichte enthielten eine bedeutsame Wahrheit." Der pommersche Chronist Kantzow hat um 1550 erzählt, daß er selbst den Boden mit langen Stangen untersucht und dabei Steinblöcke in bestimmter Gruppierung gefunden hatte. Er hatte erwartet, Ruinen und Mauerwerk zu finden, und schrieb daher sichtlich enttäuscht: "Allein seint die großen Fundamentsteine noch vorhanden und liegen noch so an der Stelle und an anderen Orten etliche noch droben. Darunter seint so große Stein an drey oder vier Orten, daß sie wol Ellen hoch über Wasser scheinen." Er zeichnete auch einen Lageplan dieser Steine und erhielt bestimmte Figuren, so daß er glaubte, feststellen zu können, "daß die Statt in die Lenge ist gebawet gewest und hat sich mit der Lenge erstrecket von Osten bis Westen." Der Plan Kantzows sieht einem Stadtplan sehr ähnlich. Ein paar Jahre später hatte ein anderer Wißbegieriger namens

Lubbechius die Meeresbucht untersucht und war zu ähnlichen Ergebnissen gekommen. Dieser doppelten Zeugenschaft ist Decke nun mit gebührendem Ernst nähergetreten. Die "Steine noch droben" hat er als Decksteine erkannt, die auf anderen ruhen, und die ganze Anlage als eine prähistorische. Nichts anderes als Dolmen oder Hünengräber sind es nach seiner Meinung. Die großen rechteckig gelegten Steine sind demnach Steineinfriedungen, wie sie in runder Form z. B. das berühmte Heiligtum Stonhenge in England bilden. Bedeutsam ist auch die Ost-West-Anlage dieses Vineta, die bei den Steinlagen die Regel ist. Auffallend ist die große Zahl der zusammenliegenden Gräber, was aber auch sonst, z. B. auf Rügen, vorkommt. Decke erinnerert auch daran, daß man im Jahre 1771 drei große, aufrechte Steine in einer Reihe auf dem Riff kannte. Damals scheiterte nämlich ein holländisches Schiff daran. Heute sind die Steine alle verschwunden, da man sie zum Bau der Swinemünder Mole sehr gut verwenden konnte. In der Naturwissenschaftlichen Wochenschrift machte auch Dr. Thiemann darauf aufmerksam, daß die Steine nur durch eine Erdsenkung ins Wasser gekommen sein können. Eine solche hat in der Tat in prähistorischer Zeit der Ostseeboden erfahren. Ruhig sanken die Grabmale mit ihren Deckplatten unter Wasser, soweit, daß bei ruhigem Wetter "die Steine noch droben" über die Oberfläche erscheinen konnten.

Also Vineta hat es gegeben, nur war es nicht eine prächtige gottlose Handelsstadt voll rastlosen Lebens, sondern eine Totenstadt, ein Friedhof. Einige Jahre später fand man eine, logische Erklärung für das Vinetariff vor Koserow. Sie geht davon aus, daß einst der Streckelsberg weit in das Meer hineinragte und durch die See nach und nach abgetragen wurde. Ein Vorgang der sich noch heute vollzieht. Die großen Steine die im Berg lagen blieben als Riff zurück. Die abgeschwemmte Erde dagegen wurde an anderen Stellen abgelagert und trug dazu bei, das heutige Küstenrelief von Damerow bis Peenemünde zu formen.

Koserow im Dreißigjährigen und im Nordischen Krieg

Das Schicksal der Bewohner Koserows im Dreißigjährigen Krieg ist in dem Roman "Maria Schweidler, die Bernsteinhexe, der interessanteste aller bisherigen Hexenprozessen, nach einer defekten Handschrift ihres Vaters, des Pfarrers Abraham Schweidler in Coserow auf Usedom" vom Wilhelm Meinhold so anschaulich und dramatisch geschildert worden, daß es sich erübrigt, hier nochmals darauf einzugehen. Dem Leser sei empfohlen, die genannte Geschichte nachzulesen.

Ländliches Motiv aus Coserow

Hatte Koserow im Dreißigjährigen Krieg schon viel gelitten, so wurde es vom Nordischen Krieg (1700 - 1721) ebenfalls nicht verschont. Oft zog dieser Krieg über die Insel und verheerte die Wohnstätten der Menschen und beraubte sie ihrer Nahrungsvorräte. Zugleich schleppte der Krieg die gefürchtete Schwarze Pest in das Land. Schweden, Russen, Preußen wechselten sich in der Besetzung des Landes einander ab, bis schließlich 1720 im Friedensvertrag zwischen Preußen und Schweden der größte

Alte Windmühle in Coserow

Teil Vorpommerns mit Stettin und den Inseln Usedom und Wollin von den Schweden an Preußen abgetreten werden mußte. Damit war auch die Schwedenzeit auf der Insel beendet. Die preußisch-schwedische Grenze verlief nun an der Peene. Die Insel wurde jetzt vom preußischen Domänenamt Pudagla regiert.

War Koserow vor dem Dreißigjährigen Krieg noch von 16 Bauernfamilien bewohnt, so lebten 1652 hier noch die Familien Hans Radicke, Peter Suko, Peter Lehne, Göris Bohne und Hans Schmidt. Die übrigen 10 Bauernhöfe waren verwüstet und ohne Menschen.

In der schwedischen Matrikelkarte von Koserow aus dem Jahre 1693, die damals die Grundlage zur Steuererhebung bildete, werden namentlich sieben Familien mit Grundbesitz genannt. Die Bauernhöfe waren in einem jämmerlichen Zustand. Das Dorf gruppierte sich damals um die Kirche herum. 1743 zählte Koserow 62 Einwohner, darunter 3 Bauernfamilien, der Krüger (Gastwirt) Karstädt und der Pfarrer Schweidler als Grundbesitzer sowie sechs Büdnerfamilien (auch Kossäten oder Häusler genannt) ohne Grund und Boden bzw. Besitzer kleinster Anwesen, 15 Einliegerfamilien (Mieter vor allem bei den Büdnern). Erschreckend

Kirche in Koserow

hoch war die Zahl der älteren Leute in dieser Gruppe, unter ihnen abgedankte Soldaten mit ihren Frauen, die betteln mußten. Als erster Handwerker im Dorf wird ein Weber mit dem Namen Wolfgramb genannt und der Küster, der zugleich Radmacher war. Die Zahl der

Einwohner erhöhte sich in den folgenden Jahrzehnten nicht wesentlich und erreicht erst 1805 die Zahl von 175 Personen.

Hatten die Bewohner nach dem Nordischen Krieg schon viel damit zu tun, um ihr Leben zu meistern, so kam ab 1751 mit dem preußischen Vorwerk Zinnowitz eine zusätzliche Belastung auf sie zu. Jeder Koserower Bauer hatte zu seinen finanziellen Abgaben an das Amt Pudagla Naturaldienste im Vorwerk Zinnowitz zu leisten. 1805 noch mußte mit einem Gespann vier Tage in der Woche in Zinnowitz gedient werden. Im Jahr kamen so 208 Spann- und 70 Handtage zusammen. Aber nicht nur diese Leistungen belasteten die Bauern, sondern auch die Abgaben, die an die Kirche gegeben werden mußten.

So bekam der Prediger jährlich von jedem Bauern eineinhalb Scheffel = 60 kg Roggen, 40 Roggengarben, zwei Gänse, zwei Stiegen Eier = 40 Eier. Der Küster, der zugleich Schulmeister war, erhielt je 1/4 Scheffel Roggen, 6 Roggengarben und ein Brot.

Alle Abgaben waren vorzunehmen, ungeachtet, wie die Ernte ausgefallen war und ob die Bauern selbst Hunger litten. Zum Ortsbild gehörte seit 1746 auch eine Windmühle. Das ärmliche Dorf hatte zudem in den Jahrhunderten unter den Schäden von Sturmfluten zu leiden. Ferner litt es unter den Unbilden, die vom "Witten Barg", dem damals kahlen Streckelsberg, ausgingen. Scharfe Nordwinde oder Stürme aus Nordost fegten den leichten Flugsand vom Berg weit über das Land und hüllten Koserow oft tagelang in eine feine Staubwolke ein. Solche Straßenbezeichnungen wie "Am Sturmfeld" künden noch heute von damaliger Zeit. Der Flugsand machte viele Ackerflächen für lange Zeit unfruchtbar. Brandrodungen, die früher üblich waren, Holzeinschlag und Windbruch sowie andere Ereignisse hatten den Streckelsberg kahl werden lassen. Die verheerenden Wirkungen dieser Sandstürme sind noch heute an der Nordseite der Kirche erkennbar. Hier hatte sich in Jahrzehnten soviel Flugsand angesammelt, daß man einen anderen Kirchenzugang wählte. Grabungen an dieser Nordseite der Kirche zeigen, welche Flugsandschicht sich hier angesammelt hatte.

Sturmfluten und ihre Wirkungen

Die Geschichte des Ortes Koserow war immer auch mit dem Wirken von Naturgewalten verbunden, die vor allem von der Ostsee her drohten und drohen. Sturmfluten an unserer Küste unterscheiden sich von der Fluthöhe von denen der Nordsee beträchtlich. Sie werden hier schon gefährlich, wenn das Hochwasser einen Pegelstand von 1,50 Meter über NN (Normal-Null) erreicht. Immer waren die Menschen bemüht, den Stürmen die Stirn zu bieten und durch Schutzbauten an der Küste rechtzeitig Vorsorge zu treffen. Die Stürme von 1741, 1785, 1791 und 1792 fegten jedoch alle Schutzbauten beiseite. Schon 1730, 1731 und 1732 waren weite Flächen überflutet, versandet und als Weideflächen oder für den Ackerbau unbrauchbar geworden. Besonders durch Sturmfluten betroffen waren das bei Koserow gelegene Vorwerk Damerow und der Streckelsberg. Im Jahre 1796 wurde das in drei Jahren mühevoller Arbeit aufgebaute Steinpackwerk vernichtet. In einer einzigen Nacht zerstörte die Gewalt der See die 1835 errichtete Feldsteinmauer am Streckelsberg. Vom 11. bis 13. November 1872 erlebte die Insel und vor allem das Vorwerk Damerow eine verheerende Sturmflut mit bis 3 m über NN. Über diese Sturmflut und ihre Auswirkungen in Damerow berichtete die Presse in ganz Deutschland. Viele erklärten sich mit den betroffenen Bürgern solidarisch.

Der Chronist Heberlein schreibt:
"Schon während des ganzen Herbstes hatten starke Winde geweht und die in die Ostsee einmündenden Flüsse hatten ziemlich hohen Wasserstand. Der 11. No-vember war im Gegensatz zu den vorangegangenen Tagen völlig windstill, und man gab sich bereits der Hoffnung hin, daß nun eine Änderung zum Besseren eintreten würde. Am 12. November bemerkte man, daß der Wind nach Nordosten herumgegangen sei; es wehte ziemlich frisch aus dieser Richtung, aber bis zum Abend nahm der Wind stetig an Stärke zu und wuchs schließlich zu einem orkanartigen Sturm heran, welcher ununterbrochen während der ganzen Nacht vom 12. auf den 13. November daherbrauste. Gewaltig rollten im Sturme die Meereswogen. Höher und höher spülten sie auf das Land herauf. Die Flüsse konnten die Wassermengen nicht in die See ergießen. Sie stiegen über die Ufer, und weithin ergossen sich die Wasserfluten über die angrenzenden Landstrecken. Die Ströme schienen ihre Natur

verändert zu haben und in das Land statt in das Meer zu fließen. Wer die Gewalt des Wassers noch nicht kennengelernt hatte, konnte jetzt eine Vorstellung von derselben erhalten. Was im Wege stand, wurde unterspült und fortgeschwemmt. Was von Menschenhand sorgfältig und fest gebaut, wurde ein Spiel der Gewalt der Wogen. Künstlich aufgeworfene Dämme wurden durchbrochen und gierig stürzten sich die Fluten in die Gebiete, welche ihnen sonst verschlossen geblieben waren. In Menge trieben entwurzelte Bäume auf der schäumenden Wasserfläche. Wehe den Häusern, auf welche sie trafen. Ihre Mauern wurden durchstoßen und stürzten in sich zusammen. Die Dämme der überschwemmten Straßen wurden aufgerissen und eine trübe, kochende, gurgelnde, brausende Wassermenge wälzte sich verderbenbringend überall hin. Das Wasser stieg dabei mit rasender Schnelligkeit. Den Menschen blieb keine Zeit, ihre Habe oder ihr Vieh in Sicherheit zu bringen. Es galt das eigene Leben zu retten."

Die Ortschaft Damerow wurde in dieser Sturmnacht weitgehend zerstört. Nur der Umsicht und der Hilfsbereitschaft der Koserower Fischer war es zu danken, daß die Bewohner des Vorwerks mit dem Leben davonkamen. Mit ähnlicher Kraft wüteten Stürme in den folgenden Jahren und Jahrzehnten. Am 9. und 10. Februar 1874 sorgte die Sturmflut dafür, die Reste des Vorwerks Damerow in Trümmer zu legen. Nach dem Rückgang der Flut bedeckte eine 60 cm starke Schicht Seesand die Felder und Wiesen. Den Bewohnern blieb nichts anderes übrig, als Damerow zu verlassen und sich in Koserow anzusiedeln.

Das Amtsblatt der Königl. Regierung zu Stettin Veröffentlichte auf Seite 146 unter Reg,Nr. 187, folgendes:
In der Nacht vom 9. zum 10. Februar d.J. haben folgende 9 Einwohner von Coserow:
Gerichtsmann Johannes Schwandt, Ludwig Sadewasser, Ludwig Kasch, Carl Kasch, Carl Bickelt, Friedrich Karstädt, Wilhelm Sadewasser, Wilhelm Biedenweg und Friedrich Steffen, während der Sturmfluth mehrere Einwohner von Damerow auf der Insel Usedom mit eigener Lebensgefahr vom Tode des Ertrinkens gerettet.
Es wird diese menschenfreundliche Handlung mit dem Bemerken hierdurch zur öffentlichen Kenntniß gebracht, daß den 9 Rettern Geldprämien bewilligt worden sind.

Stettin den 1. Mai 1874
Königliche Regierung, Abtheilung des Innern.

Ein Gedenkstein an der Straße nach Koserow erinnert an diese Ereignisse in den Jahren 1872 und 1874. 1883 zerstörte die Sturmflut den künstlichen Schutzdamm zwischen Zempin und Koserow auf einer Breite von 220 m. Vom Streckelsberg stürzten 10 Meter des steilen Kliffrandes in die Tiefe. 1880, 1887, 1894 und 1895 brandeten wiederum Sturmfluten gegen die Insel. Schon 1892 war es deshalb notwendig geworden, die auf der Spitze des Streckelsberges erbaute hochaufragende Bake, die als Seezeichen diente, um 65 Schritt landeinwärts zu versetzen, weil sie vom Kliffrand abzustürzen drohte. Wie schnell der Streckelsberg trotz der Befestigungen am Fuße desselben abgespült wird, mag daraus hervorgehen, daß die Bake, die im Jahre 1871 schon zum zweiten Male seit ihrer Errichtung zurückgesetzt werden mußte, damals noch ca. 12 Meter Vorland hatte, welches in den vergangenen zwanzig Jahren total verschwunden ist. Erleichterung und Zuversicht mag bei den Bewohnern des Ortes Koserow aufgetreten sein, als der Wolgaster Anzeiger am 29. August 1895 meldete:

"Um ein weiteres Unterspülen und Abbröckeln des Streckelsberges zu verhüten, wird an der hervortretenden Stelle desselben jetzt eine Mauer aufgeführt. Dieselbe ist 150 m lang, 1,20 m dick und 4 m hoch. Ausserdem wird eine

Die Brandungsmauer am Streckelsberg

Steinpackarbeiten an der Brandungsmauer, im Vordergrund Dünenoberwart Ernst Drews

Rammarbeit ausgeführt, die gewiß dem Anprall der Meereswogen auf eine Reihe von Jahren Trotz bieten wird."

1897 wurde die sogenannte Brandungsmauer auf 320 m Länge erweitert. Viel Arbeit hatte doch dieser Berg gemacht, den der Oberförster

Schrödter 1818 und 1819 mit viel Mühe aufgeforstet hatte und dessen Buchen prächtig gediehen waren. Die Bewaldung des Streckelsberges war damals eine forstwirtschaftliche Meisterleistung, von der sich selbst König Friedrich Wilhelm III. in Begleitung seiner Söhne im Jahre 1820 an Ort und Stelle überzeugte. Zum Gedenken an den Oberförster Schrödter wurde 1900 ein Gedenkstein am Streckelsberg errichtet. Dieser Stein befindet sich unmittelbar am Radweg. Ferner ist eine Straße in Koserow nach Oberförster Schrödter benannt. Die am Fuße des Streckelsberges errichtete Schutzmauer aus Beton und Steinen mußte schon 1904 ihre erste Bewährungsprobe bestehen. Der Sturm wütete mit ebensolcher Gewalt wie 1872. Der Deich bei Damerow wurde wiederum auf einer Länge von 150 Metern durchbrochen. Nur ein einzelner Telegraphenmast hatte der Flut widerstanden. Ostsee und Achterwasser bildeten ein Meer. Man wußte damals zu berichten, daß in Koserow trotz der errichteten Schutzbauten vor dem Hotel "Seeblick" ein beträchtlicher

Hotel Seeblick in Gefahr

Teil fortgerissen worden war. Eine der hohen Pappeln war unterspült und auf das Haus gestürzt. Die Badeanstalten waren total demoliert. Die von der Regierung erbaute Uferschutzmauer war nur teilweise beschädigt, jedoch an den Enden durch Hinterspülung eingestürzt.

Sturmflut - Verheerungen an der Ostseeküste

Während der Sturmflut 1913/14 gab es erneut große Landabbrüche am Streckelsberg und am Hotel "Seeblick", wo ca. 20 m Vorland verlorengingen und die Glasveranda des Hotels weggespült worden war.

Die Brandungsmauer heute

Die aufbrandenden und niederstürzenden Wogen hatten hinter der Brandungsmauer eine bis zu 8 m und 2,5 m tiefe Kolke herausgearbeitet. Bereits 1914/15 wurde die Schutzmauer wieder saniert und auf 450 m Länge ausgebaut. Der Deich bei Damerow war wiederum gebrochen. Dadurch wurde sogar die neu errichtete Eisenbahnstrecke unterspült und der Eisenbahnverkehr unterbrochen. Bei einem Sturm im Jahre 1936 ergab sich für das Hotel "Seeblick" akute Einsturzgefahr. Die Sturmflut 1949 schließlich beschädigte die Brandungsmauer am Streckelsberg in der Mitte in erheblichem Maße, die bis dahin immer wieder saniert worden war. Heute ist sie in ihrer ganzen Länge eingestürzt, weil in den vergangenen 45 Jahren keine Mittel für ihre Wiederherstellung mehr bereitgestellt wurden. Nun droht der Hang hinter der Brandungsmauer wegen Unterspülung abzustürzen. In den letzten 300 Jahren verlor der Streckelsberg seeseitig nachweislich mindestens 250 Meter seiner ursprünglichen Substanz. Umfangreiche Strandaufspülungen, die in den Jahren 1985 und 1993 vorgenommen worden sind, werden die See auf Dauer nicht daran hindern können, immer wieder Land von diesem Teil der Küste abzutragen. Die See wird nach und nach weitere Teile des Streckelsberges fordern, wenn zukünftig nicht noch energischer Uferschutzmaßnahmen betrieben werden. Große Verdienste für den Küstenschutz auf der Insel Usedom erwarb sich der Koserower Dünenoberwart Ernst Drews, der von 1908 bis 1949 den Buhnen-, Dünen- und Deichbau leitete.

Die Gründung des Ostseebades Koserow
Vom Fischer- und Bauerndorf zum Ostseebad

Durch die Historie und besonders durch das Erscheinen des Meinholdschen Romans "Die Bernsteinhexe" im Jahre 1843 aufmerksam gemacht, besuchten die Badegäste aus Heringsdorf und Swinemünde und begüterte Familien aus der Umgebung Koserow, um sich den Strekkelsberg, das Vineta-Riff und die Wirkungsstätte des Pfarrers Meinhold anzusehen. Dabei entdeckten sie auch die landschaftlich schöne Lage des Ortes Koserow.
Nach Koserow kamen nachweislich die ersten Badegäste bereits im Jahre 1846 ohne jedes Zutun seiner Bewohner. Es waren Familien aus Anklam und Stettin, die mit "Sack und Pack" per Pferdewagen oder Segelboot anreisten und sich dann für ca. 6 Wochen in den kleinen mit Stroh gedeckten Fachwerkhäusern einquartierten. Hier genossen sie in aller Stille und Abgeschlossenheit die Unberührtheit der Natur abseits von den großen Seebädern der Insel Usedom Swinemünde und Heringsdorf. Besonders gefiel den Gästen der kräftige Wellenschlag der Ostsee und die romantische Lage des Ortes, so daß sie in den folgenden Jahren wiederkehrten und noch andere Besucher mitbrachten. Jedoch blieben sich die Gäste in den ersten fünf Jahren selbst überlassen. Damals gab es im Ort Koserow kein Haus, das irgendwie dem Fremdenverkehr und seinen Wünschen gerecht wurde. Als einzige Einkehrstätte stand den Gästen der alte Dorfkrug offen. Um 1850 hatte der Ort Coserow (amtlicher Ortsname bis 1903) ca. 270 Einwohner und gehörte zu den ärmsten Dörfern der Insel Usedom. Der Ort wird 1847 in den "Beiträgen zur Kunde Pommerns" wie folgt beschrieben: "Coserow ein Bauern- und Fischerdorf, 3 Meilen im Westen von Swinemünde nahe an der Ostsee gelegen und im Süden vom Achterwasser bespült, hat außer der Mutterkirche, der Pfarre und der Küsterei, 3 Bauern, 1 Krüger, 2 Schmiede, 26 Büdner und 22 Einlieger." Die räumliche Ausdehnung des Ortes war recht klein. Der alte Dorfkern umfaßte das Dreieck, dessen Seiten die Fischerstraße, die Hauptstraße (vom Gebäude der Feuerwehr bis zum ehemaligen Hotel Vineta) und die Schulstraße bildeten.

> **Seebad in Coserow.**
>
> Um vielfachen Aufforderungen zu genügen, hat die Ortschaft Coserow auf der Insel Usedom in diesem Jahre ein Seebad eingerichtet. — Die Umgebungen sind romantisch und reich an vorzüglichen Aussichten. Durch den Buch=Wald sind mit Bewilligung der Königlichen Regierung in Stettin schattige Spaziergänge angelegt und alle Einrichtungen in der Art getroffen, daß jeder der geehrten Badegäste gewiß befriedigt werden wird.
>
> Das Bad selbst ist auf ärztliches Gutachten als ein's der besten an der Ostsee=Küste empfohlen. Die weite Entfernung von den Ausflüssen der Swine und Peene lassen selbst bei dem ungünstigsten Winde keine Mischung des Salz=Wassers mit dem Strom=Wasser befürchten und die vorspringende Ecke des Streckelberges sichert fast bei jedem Winde Wellenschlag.
>
> Weiteres Anpreisen ist überflüssig, da Allen, welche die Insel Usedom besuchten, die romantische Gegend um Coserow bekannt ist. — Bescheidene aber freundliche Wohnungen für Besuchende sind bereits eingerichtet, und wird der Gastwirth B e y e r in Coserow auf portofreie schriftliche oder auf mündliche Anfragen bereitwillige Auskunft ertheilen.
>
> C o s e r o w   auf der Insel Usedom
> im Juni **1853.**   D i e   B a d e = D i r e k t i o n.
>   **Beyer.**

Zeitungsannonce von Beyer im Wolgaster Anzeiger 1853

Dieses dörfliche Armendasein zu überwinden, veranlaßte vier gemeinnützige, aufopferungsvolle Koserower Bürger, im Jahre 1851 eine Badegenossenschaft zu bilden. Es waren dies der Lehrer und Küster Friedrich Koch, der Gastwirt Hermann Beyer und die Eigentümer Schohl und Mölhusen. Jeder gab 10 Taler zum Kauf von Bauholz, von dem sie gemeinsam in der Nähe der Salzhütten, wo damals der einzige bequeme Zugang zur See war, die ersten Badezellen am Strande errichteten.

Ein Jahr später beteiligten sich weitere Koserower mit je 5 Talern am Ausbau der ersten Badeanstalt, so daß bereits 1853 das Seebad den Gästen angeboten werden konnte. Unterstützung erhielt die Badedirektion durch den Anklamer Badearzt Dr. Schmidt.

Die Zahl der Gäste variierte in diesen Jahren zwischen 20 und 90. Eine Sturmflut zerstörte 1857 die erste Seebadeanstalt von Koserow. Daraufhin verloren viele den Mut und die Bade-Corporation löste sich auf. Nur der Gastwirt Hermann Beyer wurde nicht mutlos. Er behielt die Kraft und führte das Badeunternehmen alleine fort. Seinen alten Dorfkrug, den er nun "Gasthof zur Stadt Vineta" nannte, gestaltete Hermann Beyer mit großer Sorgfalt so um, daß er auch seinen Gästen volle Verpflegung geben konnte. Im Oktober 1862 zerstörte ein Brand diesen Gasthof.

"Gasthof zur Stadt Vineta" in Coserow

Damit ging auch das erste wertvolle Gästebuch von Koserow verloren. Auch danach verlor Hermann Beyer nicht den Mut. Er schritt unverzüglich an den vergrößerten Aufbau seines Unternehmens, indem er im Jahre 1863 seinen Gasthof jetzt zweistöckig im schweizerischen Villenstil neu errichtete, so daß er jetzt auch Übernachtungen seinen Gästen anbieten konnte.

Somit kann der betriebsame, unermüdlich eifrige Hermann Beyer (* 1816, + 1875), der als einfacher Böttchergeselle aus Flensburg zugewandert war, als der eigentliche Begründer des Ostseebades Koserow angesehen werden. **Ein Zeitzeuge berichtet im Jahre 1864:** *"Nach kurzer Zeit hatten wir Coserow erreicht, vom rothen Abendschimmer der bald untergehenden Sonne beleuchtet. Der Kutscher knallte einige Male mit der Peitsche; wir hielten vor dem hübsch gebauten "Gasthofe zur Stadt Vineta". Dies ist eins der gemüthlichen Gasthäuser, wie man sie nur in kleineren Landstädten antrifft. Man diniert und soupiert dort ganz passabel, schläft in guten Betten und wird nicht durch aufdringliche, den Fremden vom Fuße bis zum Scheitel messende Kellner, ob man auch gut Goldfüchse mitbrachte, sondern durch die Tochter des Wirthes bedient. Herr Beyer setzte mir bald eine vortreffliche Suppe, eine*

frischgebratene Krickente und ein so gut zubereitetes Stück Rinderbraten nebst Gemüse vor, daß ich glaubte, in dem Hotel einer Großstadt zu speisen. Für denjenigen, welcher noch die Preise kennen will, füge ich hinzu, daß ich für Abendessen, Nachtquatier und Frühstück nur 17 1/2 Sgr.*) zahlte, ein Preis, der zu dem, was ich erhalten, einen enormen Abstand bildete."

Unterstützung fand Hermann Beyer in dieser Zeit auch bei dem Lehrer C. H. F. Koch (* 1836, + 1919, einem Sohne von Friedrich Koch), der in einem 1867 in Berlin erschienenen Skizzenbuch in A6-Format von fast 300 Seiten die Schönheiten seiner Heimat und ihre Vorzüge als Badeaufenthalt pries. Mit diesem Buch wirbt Karl Koch, wie er sich später selbst kurz nannte, sowohl für das fern von Tageslärm und idyllisch gelegene Seebad Koserow im speziellen als auch für die Insel Usedom im umfassenden Sinne. Er beschreibt die Insel als einen höchst interessanten, sich durch mannigfache Naturschönheiten, historische Erinnerungen und poetische Sagen auszeichnenden Erdstrich, der bis dahin auffallend selten beschrieben wurde und in der damaligen Reiseliteratur ganz unbekannt war. Das Seebad Coserow auf Usedom, seine Natur, seine Eigenthümlichkeiten, seine Umgebungen. Skizzenbuch von C. H. F. Koch. Mit einer topographisch-statistischen Karte der Insel Usedom. Berlin, 1867. Verlag und Druck

---

*) Silbergroschen (1 Taler = 30 Silbergroschen)

Ansicht von Coserow

Um diese Zeit befanden sich am Strande von Koserow ein Damenbad und ein Herrenbad, die nun auch von der Steilküste mittels einer Treppe erreichbar waren. Die Badeanstalten waren damals natürlich durch eine entsprechende Entfernung voneinander getrennt. Besonders in den Vormittagsstunden entfaltete sich in den Badeanstalten ein buntes Leben und Treiben. Der Bademeister im Herrenbad und die Badefrau im Damenbad übten die Aufsicht über die Badenden aus und hatten die Bedienung der Gäste zu sichern. In Koserow zahlte man 1864 für die Benutzung der Badeanstalten 1 1/2 Sgr. für ein einzelnes Bad oder im Abonnement für die ganze Saison zwei Taler. Damals galt das Nacktbaden in Koserow, so wie auch heute wieder, nicht als unsittlich, und vom sogenannten "Zwickelerlaß" war noch keine Rede. Jeder badete so, wie es ihm Spaß machte. Die Badeärzte vertraten damals folgenden Standpunkt: "Das Baden in Kleidern ist durchaus schädlich, vermindert den Wellenschlag, verhindert ein schnelles Abtrocknen und Ankleiden und gibt sehr leicht zu Erkältungen Anlaß. Gewiß geschieht kein Verstoß gegen die Sittlichkeit, wenn Männer von Männern, Frauen von Frauen beim Baden, wo jeder mit sich selbst und den Wellen zu beschäftigt ist, als daß er nach den Anderen zu schauen Zeit und Lust hätte, Kopf und

Schultern zu sehen bekommen, denn der übrige Körper ist vom Wasser bedeckt. Es hat weit mehr Annehmlichkeiten, sich frei und ungehindert in der See bewegen zu können, und die züchtigsten Frauen haben bald, nachdem sie andere Damen auf diese Weise baden sahen, keinen Anstoß darin gefunden, sich ganz entkleidet der See hinzugeben." Trotz der großen Bemühungen von Hermann Beyer und Karl Koch entwickelte sich das Badeleben in Koserow nur langsam. Ein Grund hierfür waren sowohl die schlechten Verkehrseinrichtungen nach Koserow als auch die Indolenz der Einwohnerschaft, die für die Bequemlichkeiten der Gäste bisher wenig tat. So war im Jahre 1872 nur eine Badefamilie in Koserow. Das Seebad Koserow war zum "Aschenbrödel" der Usedomschen Seebäder geworden, jedoch blieb es stets ein Touristenziel für die Gäste der anderen Seebäder. Der reizvolle Streckelsberg mit seinem einzigartigen, stimmungsvollen Buchenwald, der romantischen Steilküste und der Wellenschlag des Meeres verfehlten ihre Anziehungskraft nicht mehr. Im Jahre 1878 wurde das erste Pensionshaus eigens für Badegäste in Koserow errichtet. Ab dieser Zeit verbrachte der Leipziger Lehrer und Schriftsteller Franz Woenig (1851, - 1899), der in vielen reizenden Gedichten und in der 1881 erschienenen Novelle "Vöglein vom Walde" Koserow beschrieben hat, regelmäßig seine Ferien in Koserow. Louis Beyer (ein Sohn von Hermann Beyer) eröffnete 1886 ein kleines, am Fuße des Streckelsberges gelegenes Restaurant "Zum Streckelberg", welches später in Restaurant "Buchenhain" umbenannt wurde.

Seebad Coserow und Streckelberg.

Unterzeichneter erlaubt sich, seinen Gasthof:

„Zur Stadt Vineta in Coserow"

und sein am Fusse des Streckelberges belegenes Restaurant

„Zum Streckelberg"

den geehrten Badegästen und Touristen angelegentlichst zu empfehlen. Für gute Speisen und Getränke, sowie für reelle und aufmerksame Bedienung ist bestens gesorgt.

Hochachtungsvoll

Coserow. **L. Beyer.**

Anzeige aus dem Jahre 1887

Jetzt war auch in Koserow eine ständig zunehmende Bautätigkeit zu verzeichnen. Unmittelbar in Strandnähe entstanden das Hotel "Seeblick" mit einem Seewasser-Warmbad und ein kleiner Seesteg. Herren- und Da-

Hotel Seeblick

menbad wurden modernisiert und gingen 1904 in Gemeindebesitz über. Bis zum Ersten Weltkrieg entstanden die imposanten Bauten, die "Villa Maria" (später "Hotel zur Ostsee", heute Sitz des Fremdenverkehrsamtes)

Villa Maria - heute Fremdenverkehrsamt

Kursanatorium Parow

und das Kursanatorium, in dem der Besitzer Dr. H. Parow, ein norwegischer Arzt, Naturheilverfahren und spezielle Wasserbehandlungen offerierte. Weitere Hotels, Pensionen und Villen wurden entlang der heutigen Hauptstraße und Meinholdstraße errichtet. Dadurch entstanden ganz neue Ortsteile, welche sich jetzt vom alten Dorfkern bis zum Strande und bis zum Streckelsberge erstreckten. Die Gemeinde beschloß, eine Kurtaxe zu erheben, die zur Erhaltung und Verbesserung der Badeanstalten, der Wege und auch zur Bestreitung der Kosten der Badedirektion diente.

Sie betrug im Jahre 1902 für eine Person 1,50 Mark und für eine Familie 3,00 Mark. Kinder und Dienstboten waren von der Kurtaxe befreit. Im Jahre 1909 wurde das alte Herrenbad für 900 Mark zum Familienbad umgebaut und für 5700 Mark ein völlig neues Herrenbad durch die Gemeinde errichtet, welches noch bis zum Jahre 1956 den Koserower Strand zierte. Ein neuer Seesteg zwischen dem Familienbad und dem Damenbad entstand.

Am 1. Juni 1911 wurde die Eisenbahnlinie Heringsdorf - Wolgast dem Verkehr übergeben. Damit hatte auch Koserow nun unmittelbaren Zugang zum gesamtdeutschen Verkehrsnetz. Nun konnten sogar

Bahnhof Koserow

Badegäste aus Berlin ohne umzusteigen in 4 1/2 Stunden Koserow direkt erreichen. Die Zahl der Badegäste stieg sprunghaft an. Aus dem armseligen Dorfe wurde ein attraktives Seebad, das sich einer ständig zunehmenden Beliebtheit erfreute, wie folgende Übersicht zeigt:

Jahr	um 1855	1894	1896	1900	1905	1910	1912
Gäste	20 - 90	250	400	844	1234	2418	3420

Durch die steigende Gästefrequenz stieg auch die Einwohnerzahl von Koserow. Sie entwickelte sich wie folgt:

Jahr	1850	1871	1910
Einwohner	277	372	572

Obwohl die Bewohner von Koserow die Fischerei und die Landwirtschaft weiter betrieben, stellten sich viele schon völlig auf den Fremdenverkehr ein, der für einige sogar zum Haupterwerbszweig wurde. Im Jahre 1909 wurde der Koserower Handwerkerverein gegründet.In diese Zeit fällt auch die Gründung der Freiwilligen Feuerwehr Koserow

Dorfstraße um 1909

(1908), die bis heute immer aufopferungsvoll die Einwohner und ihre Gäste vor größeren Gefahren geschützt hat. Das Seebad Koserow hatte somit nach schwierigem Beginn nun nach ca. 65 Jahren Badeleben seinen

Hauptstraße Koserow heute - vom gleichen Standort fotografiert

Eine Badegesellschaft in Koserow um 1920

ersten Höhepunkt erreicht. Der Erste Weltkrieg brachte einen vorübergehenden Rückgang, jedoch kam das Badeleben während des Krieges nicht zum Erliegen. Erholungsbedürftige Kriegsteilnehmer waren von der Kurtaxe befreit, erhielten freie kalte Seebäder und warme Seebäder mit 50 % Ermäßigung. Im Jahre 1921 wurde der Vorkriegsstand an Gästen bereits wieder erreicht, und die Zahl der Besucher stieg nun wieder stetig an. Die Badegewohnheiten änderten sich. Das Baden fand nun vom Strandkorb aus statt. Somit verloren die Badeanstalten am Strande ihre Bedeutung. Mit Ausnahme des Herrenbades, in dem von 1921 bis 1929 ein Warmbad betrieben wurde, wurden die anderen Badeanstalten abgerissen. Jedoch je öffentlicher das Baden wurde, um so prüder wurden die Bekleidungsvorschriften, die im sogenannten "Zwickelerlaß" von 1932 gipfelten: "Frauen dürfen öffentlich nur baden, falls sie einen Badeanzug tragen, der Brust und Leib ab der Vorderseite des Oberkörpers vollständig bedeckt, unter den Armen fest anliegt, sowie mit angeschnittenen Beinen und einem Zwickel versehen ist. Der Rückenausschnitt des Badeanzuges darf nicht über das untere Ende der Schulterblätter hinausgehen. Männer dürfen öffentlich nur baden, falls sie

Bademoden "Seestern"

wenigstens eine Badehose tragen, die mit angeschnittenen Beinen und einem Zwickel versehen ist." Die Gemeinde als Trägerin des Badebetriebes errichtete im Jahre 1925 für 22000 Mark einen neuen, 125 m langen

Seesteg in Koserow

Seesteg bis zur Tiefenlinie von 2 m, damit auch größere Motorboote anlegen konnten. Mit dieser Promenade über den Wellen erhielt Koserow nun auch die Möglichkeit einer Seeverbindung zu den anderen Badeorten der Insel Usedom, Wollin und Rügen sowie der Greifswalder Oie.
Diese Seebrücke hatte bis zum Eiswinter 1942/43 Bestand. Weiter eröffnete die Gemeinde auf dem hohen Steilufer unmittelbar gegenüber der Seebrücke im Jahre 1930 ein Seewasser-Warmbad mit einer Lesehalle. In diesem Neubau, der 40 000 Mark kostete und mit den modernsten Kureinrichtungen versehen war, konnten sich die Kurgäste durch spezielle medizinische Bäder behandeln lassen. In diesem Hause befand sich auch einer der wenigen Meerwassertrinkbrunnen an der Ostseeküste. Die Meerwasser-Trinkkur diente zur Behandlung von Stoffwechselstörungen und anderen Erkrankungen. Auf dem Steinberg baute 1928 der Siemens-Halske-Konzern für seine Angestellten ein großes Erholungsheim (später Krankenhaus, heute Senioren- und Pflegeheim). Zur weiteren sportlichen Betätigung standen den Badegästen zwei Tennisplätze und ein Sportplatz zur Verfügung. Kurz vor Beginn des Zweiten Weltkrieges erreichte die Gäste-Statistik mit 10873 Besuchern einen weiteren Höhepunkt. Die Einwohnerzahl von Koserow stieg auf ca. 900 an.

Ehemaliges Siemens Erholungsheim

Villa Mollig, später Charlottenhof

Geprägt wurde dieser positive Aufschwung des Seebades Koserow in der ersten Hälfte unseres Jahrhunderts durch den sehr rührig tätigen Bürgermeister Paul Kühne, der von April 1909 bis Januar 1945 die Geschicke der Gemeinde leitete. Der Zweite Weltkrieg vernichtete auch die Hoffnung auf eine weitere Entwicklung des Badeortes. Das Badeleben erfährt einen starken Rückgang und kommt zum völligen Erliegen. In das Hotel zur Ostsee quartierten sich Ingenieure und Techniker ein, die an der Entwicklung der V-Waffen in Peenemünde beteiligt waren. Das Kursanatorium Parow und das Siemens-Erholungsheim wurden als Lazarett der Marine genutzt. In anderen Hotels und Pensionen wurden im Rahmen der Aktion "Kinderlandverschickung" Kinder aus Berlin und anderen Städten betreut. Auf dem Streckelsberg entstand eine Melde- und Beobachtungsstation für die Heeresversuchsanstalt Peenemünde. Noch heute ist die nach dem Kriege gesprengte Station auf dem Berge als Ruine zu sehen. Die schmalste Stelle der Insel Usedom zwischen Koserow und Zempin wurde vermint. Hier begann der Sperrbezirk. Am 4. Mai 1945 zogen russische Truppen auch in Koserow ein. Nach dem Zweiten Weltkrieg entwickelte sich der Fremdenverkehr in Koserow zunächst nur zögernd. Der Neubeginn des Badewesens gestaltete sich infolge der allgemein bekannten Nachkriegsbedingungen in der Versorgung und im Verkehr recht kompliziert. Durch die hohe Zahl der Flüchtlinge und Umsiedler aus Hinterpommern, Schlesien und dem Sudetenland, die hauptsächlich in den Hotels und Pensionen eine notdürftige Unterkunft fanden, stieg die Einwohnerzahl im Jahre 1947 in Koserow auf das Doppelte des Vorkriegsjahres an. Dadurch waren auf lange Zeit viele Urlaubsquartiere zweckentfremdet und blokkiert. So z. B. "wohnten" im Hotel "Charlottenhof" (heute Sitz der Amtsverwaltung Insel-Usedom-Mitte), das im Jahre 1939 eine Kapazität von 35 Betten besaß, 20 Familien auf engstem Raum.

Nun beginnt eine völlig neue Etappe des Seebadelebens, die dadurch gekennzeichnet war, daß sich der Badebetrieb unter sozialistischen Bedingungen weiter entwickeln sollte. Zum wesentlichsten Urlaubsträger avancierte sich der Feriendienst der Gewerkschaften, der schon im Jahre 1947 seine ersten "FDGB-Urlauber" in Koserow betreute. Durch die Vermittlung der Gäste vom Feriendienst stieg die Urlauberzahl nun wieder rasch an, so daß bereits im Jahre 1952 der Besucherrekord der Vorkriegsjahre mit 11750 Gästen übertroffen wurde. In der sogenannten "Aktion Rose", in der unter fadenscheinigen und konstruierten Begründungen die Besitzer des Hotels "Seeblick" und "Deutsches Haus" sowie des Kurheimes Parow verhaftet und kurze Zeit später wegen "Wirtschaftsvergehen" verurteilt wurden, vereinnahmte der FDGB im Frühjahr 1953 diese Häuser als seine Ferienheime. Aus dem einstigen imposanten Kursanatorium Parow wurde das FDGB-Heim "Walter Ulbricht", das nun vorwiegend den Werktätigen der Leuna-Werke zur Erholung diente. Durch staatliche Anordnungen und Verbote wurden private Vermietungen weitgehend eingeschränkt, so daß sich der Feriendienst zum Urlaubsmonopol entwickeln konnte. Die Palette der Urlaubsmöglichkeiten erweiterte sich. So wurde 1956 der von der Gemeinde verwaltete Campingplatz mit einer Anfangskapazität von 500 Plätzen eingerichtet, dessen Belegung sich im Laufe der Jahre bis 1989 auf 2150 Plätze erhöhte. Der Koserower Campingplatz erfreute sich großer Beliebtheit, auch bei den Bürgern aus der damaligen Tschechoslowakei. Dadurch erfuhr der Fremdenverkehr in Koserow einen weite-

weiteren spürbaren Aufschwung. Auch im Jahre 1956 wurden zwischen Koserow und Zempin offiziell 500 m Strand für die Freikörperkultur freigegeben. Bis heute breitete sich der FKK-Strand auf der ganzen Länge von Zempin bis Koserow aus. Viele Industrie- und Handelsbetriebe sowie staatliche Einrichtungen schufen sich im Ort Betriebsferienheime, Kinderferienlager und Bungalowsiedlungen. Zum Beispiel erholten sich jährlich im größten Kinderferienlager des VEB-Kombinates "Kohle und Energie" aus Cottbus in den Sommerferien über 700 Kinder in Koserow. Der staatliche Forstwirtschaftsbetrieb eröffnete 1974 in Damerow eine neue Urlaubersiedlung mit dem Restaurant "Forsthaus Damerow". Die Gemeinde unterhielt mit über 150 Betrieben in der gesamten DDR feste Kommunalbeziehungen, die zum Nutzen aller zielstrebig für die Verbesserung der Infrastruktur und der Erholungsmöglichkeiten eingesetzt wurden. Auf dieser Basis entstanden u. a. in den letzten Jahrzehnten bis zur Wende der Konzertplatz mit dem Musikpavillon, auf dem regelmäßig Kurkonzerte stattfanden, eine Freilichtbühne am Fuße des Streckelsberges, auf der in den sechziger Jahren der Meinholdsche Roman von der Bernsteinhexe aufgeführt wurde, eine Sporthalle, eine Sauna im völlig rekonstruierten Warmbad, eine Kanalisation mit Abwasserbehand-

Strandansicht 1970

Forsthaus Damerow

lungsanlage und mehrere Tiefbrunnen für die Wasserversorgung. Der FDGB selbst baute mehrere Mitarbeiterhäuser und führte in seinen Heimen notwendige Rekonstruktionen aus. Im Jahre 1972 errichtete der FDGB-Feriendienst die erste "Feriendialyse" der DDR im ehemaligen Koserower Krankenhaus. In diesem Dialysezentrum erhielten Patienten mit schwerem Nierenleiden die Möglichkeit, gemeinsam mit ihren Angehörigen einen Ostseeurlaub zu verbringen. Die prophylaktischen Kuren der Sozialversicherung und der Winterurlaub an der Ostsee erfreuten sich auch in Koserow großer Beliebtheit und bildeten einen festen Bestandteil des Erholungswesens in Koserow. Durch all diese Formen des Tourismus erhöhte sich ständig die jährliche Urlauberzahl in Koserow, die kurz vor der Wende fast 50 000 erreichte. Im einzelnen entwickelte sich die Urlauberanzahl wie folgt:

1947	1952	1955	1960	1964	1970	1981	1985	1989
1378	11750	13831	24234	32101	39775	40624	47115	49121

Die Entwicklung des Ostseebades Koserow nach der Wende

Nach der Wende, wo das gewerkschaftlich organisierte Ferienwesen keine Bedeutung mehr hatte, änderte sich auch eine Menge in Koserow. Der erste Fremdenverkehrsverein auf der Insel Usedom wurde in Koserow bereits im Juni 1990 gegründet. Er gehört auch zu den mitgliedsstärksten Vereinen im Fremdenverkehrsverband "Insel Usedom". In der ersten Sommersaison nach der Wende kamen nur noch 20013 offiziell registrierte Gäste nach Koserow, das entsprach noch ca. 40 % der Gäste der Vorjahre. Nun war die Zeit des Massentourismus endgültig vorbei, und die private Initiative wurde wieder gefragt. Jeder mußte selbst wieder um seine Gäste werben. So erschien im Herbst 1990 nach über 50 Jahren wieder ein Prospekt mit Gastgeberverzeichnis vom Ostseebad Koserow, in dem niveauvolle Ferienwohnungen, Bungalows und Zimmer in Hotels und Pensionen den Gästen angeboten werden konnten. Der FDGB-Feriendienst wurde in die FEDI GmbH i. G. umgewandelt, und diese wurde durch die Treuhandanstalt im Januar 1991 aufgelöst. Die Gemeinde bekam die großen Ferienheime von der Treuhand zur Bewirtschaftung übergeben und verpachtete sie weiter, so daß diese zur Sommersaison 1991 zum Teil für Urlaubsgäste wieder offenstanden. Inzwischen sind fast alle reprivatisiert oder den Alteigentümern zurückübertragen worden. Auch der Campingplatz wird ab 1991 privat im kleineren Rahmen (100 Stellplätze), aber mit wesentlich höherem Komfort weitergeführt. Die Koserower sind sich bewußt, daß ihre Existenz heute vorrangig vom Tourismus geprägt wird, und setzten mit der neu erbauten Seebrücke ein erstes Wahrzeichen für ihren Ort und seine Gäste. Der 1. Rammschlag für die 261 m lange und 2,50 m breite Seebrücke, die bis zur Tiefenlinie von 3,50 m führt, fand am 27. März 1993 statt. Bereits am 17. Juli 1993 konnte sie durch die sehr engagierte Bürgermeisterin Martina Jeschek, die getreu ihres Ur-Urgroßvaters Hermann Beyer für Koserow seit 1989 wirkt, eingeweiht werden. Nun können wieder wie vor über 50 Jahren von der Koserower Seebrücke, deren Bau ca. 2,8 Millionen DM kostete

Die neue Seebrücke in Koserow

und vom Land Mecklenburg-Vorpommern mit 70 % gefördert wurde, Fahrten in See und zu den auch im Jahre 1993 entstandenen Seebrücken in Ahlbeck und Zinnowitz stattfinden. Es ist zu erkennen, daß besonders im Dienstleistungsgewerbe für den Fremdenverkehr und auch im Beherbergungsgewerbe sich ein auf hohem Niveau befindliches breites Potential entwickelt, welches einen starken positiven Einfluß auf die Entwicklung des Ortsbildes als Tourismus- und Kurort nimmt. Als erster größerer Neubau nach der Wende eröffnete zur Sommersaison 1993 die Pension "Herkules". Perspektivisch ist noch vieles in Koserow vorgesehen und einiges bereits schon in der Planungsphase. Aufgrund dieser positiven Entwicklung wurde Koserow im Herbst 1993 von der Landesregierung der Titel "Staatlich anerkanntes Seebad" verliehen. Das Seebad Koserow hat auch nach fast 150 Jahren Fremdenverkehr nichts

von seinem romantischen Flair eingebüßt und gehört zu den landschaftlich gelegen schönsten Ostseebädern, das auch seit den zwanziger Jahren den Beinamen "Das Juwel der Ostsee" trägt. Nach der Wende kamen in der Saison (vom 01. 05. bis 30. 09.) nach Koserow:

Jahr	1990	1991	1992	1993 Gäste*)
	20013	9331	12656	17449
	(12441)	(16875)	(23265)	

*) Rechnet man zu diesen offiziell angemeldeten Gästen noch die nicht angemeldeten Gäste, die laut bundesdeutschen Erfahrungswerten rund 1/3 der offiziellen Gäste ausmachen, hinzu, so erreichte die Urlaubersaison 1993 wieder rund 50 % der Kapazität der Vorwendezeit. Obwohl die Tendenz der Urlauber steigend ist, verkürzte sich die durchschnittliche Aufenthaltsdauer je Gast von 13 Tagen im Jahre 1989 auf 9 Tage im Jahre 1993. Trotzdem sehen die Koserower optimistisch in die Zukunft.

Die Kirche in Koserow

Im Jahre 1895 erregte ein Geschehnis die Herzen und die Gemüter der Kirchgemeinde Koserow, die damals wie heute die Ortschaften von Zempin bis Ückeritz umfaßt und heute mit dem Amtsbezirk identisch ist. Der "Wolgaster Anzeiger" meldete in seiner Nr. 100 vom 20. August: "Einen sehr interessanten Fund hat man am Sonnabend gelegentlich der Ausbaggerung der Swine gemacht. Der dort beschäftigte große Dampf-Bagger beförderte nämlich aus einer Tiefe von sechs Metern eine 179 Kilogramm schwere, gut erhaltene Glocke ans Tageslicht, welche die folgende Inschrift trägt: O. REX. GLE. XPE. VENI! CV. PACE. Den Schluß bildet ein Erzengel, welcher in der erhobenen Linken ein Rad hält. Eine zweite kleinere Glocke war nicht mehr vollständig! Sie zeigt auf ihrer Glockenfläche den pommerschen Greifen." Diese Meldung erregte das Interesse der Stettiner Altertumsforscher ebenso wie das des Koserower Gemeindekirchenrates. Großes Interesse bezeugten aber auch die Swinemünder. Aus Swinemünde wurde gemeldet, daß man den Fund der Glocken gerade deswegen als besonders bedeutsam ansehe, da man gerade in diesem Jahr den Grundstein für eine neue katholische

Kirche in Koserow

Einzige Glocke im Glockenstuhl

Kirche gelegt habe. Die Koserower aber erinnerten sich daran, daß gerade ihrer Kirche im Dreißigjährigen Krieg zwei Glocken von plündernden preußischen Truppen, unter ihnen Pappenheimer und Kroaten, geraubt worden waren. So schrieben sie: "Allein mit demselben Rechte kann auch die Gemeinde des Kirchspiels Koserow in diesem Funde eine Fügung der Vorsehung Gottes erblicken, welche ihr die einst geraubten Glocken wiedergeben will. Wie jeder, der den Kirchturm in Koserow besteigt, sehen kann, stehen zwei der drei Plätze im Glockenstuhl leer. Die mittlere Glocke hängt an ihrem Orte, die Lager für die große Glocke zur Rechten und der kleinsten zur Linken sind leer. Es wird deshalb wohl niemand uns verargen, wenn auch wir durch den Gemeindekirchenrat den Versuch unternehmen, in den Besitz jener beiden Glocken zu gelangen, wenn wir auch nicht im Stande sind, einen juridisch unanfechtbaren Beweis zu führen, daß die gefundenen Glocken mit den uns geraubten identisch sind. Das Pfarrarchiv, welches zu diesem Zwecke durchgesehen ist, bietet zu einem solchen Beweise leider keinen Anhalt und kann die erwünschten Unterlagen nicht hergeben." Es war wohl dieser Umstand, der die Behörden zu der Entscheidung führte, die gefundenen

Glocken dem Profinzialmuseum in Stettin zu übergeben, wie einer Meldung vom 8. Oktober 1895 zu entnehmen war. Acht Jahre später erinnerte man sich nochmal der Glocken und schrieb dazu: "Wenn an stillen Tagen das harmonische Geläut der Kirchenglocken in Zinnowitz und Netzelkow zu uns herüber dringt, dann steigt der Wunsch in uns auf, daß auch die Koserower Kirche bald in den Besitz eines solchen gefälligen und erhebenden Geläuts kommen möge. Die Kirche in Koserow ist die älteste der Insel Usedom und soll etwa um das Jahr 1230 von den Prämonstratenser-Mönchen des Klosters Pudagla gegründet worden sein. Um etwa diese Zeit oder etwas später wurden auch die Kirchen in Benz, Netzelkow und Liepe erbaut, die das Kloster sämtlich mit einem guten Geläut ausstattete. Tatsächlich befindet sich seit dem Dreißigjährigen Krieg bis heute nur die mittlere Glocke im Glockenstuhl, die zweimal umgegossen und so 1872 und 1886 vergrößert wurde. Der heutige Pfarrer Christoph Erben erklärte, daß diese Glocke nur für sich allein einen schönen Klang besitzt. Im Zusammenklang mit anderen Glocken würde sich nun durch das Umgießen eine Disharmonie ergeben. Das ist der Grund, weshalb man sich entschlossen hat, dieser Glocke keine neuen hinzuzugesellen. Als alt ehrwürdige Glocke besitzt sie aber das Recht, noch lange die Bürger Koserows zu kirchlichen Veranstaltungen zu begleiten. Besucher der Kirche in Koserow werden erstaunt sein über die schlichte Schönheit der Kirche. Im Mittelteil der Nordseite der Kirche ist noch das ursprüngliche Mauerwerk der Feldsteinkirche mit den kleinen frühgotischen Fensteröffnungen und den schlicht geformten dreistufigen Spitzbogen des alten Eingangs zu erkennen. Im 15. Jahrhundert wurde der Holzturm erneuert und die Kirche durch den Bau des Altarraumes erweitert. Am Turmeingang wie an allen Teilen des Südfensters des Altarraumes ist an den geprägten Backsteinen die Hochgotik zu erkennen. 1897 erfolgte eine große Renovierung der Kirche. Die Holzdecke wurde angehoben. Sie erinnert an einen umgekehrten Schiffsrumpf. Auch die Empore und die Orgel stammen aus dieser Zeit. Die Orgel stammt aus der Werkstatt des Orgelbauers Grünberg aus Stettin. 1954 wurde sie von dem Enkel des Erbauers überholt und 1977 durch die Firma Schuster aus Zittau erweitert. Sie hat heute 4 Register im Pedal und 7

Schiffsmodell in der Koserower Kirche

Register im Manual. Im gleichen Jahr erfolgte eine weitere Renovierung mit einer Neugestaltung des Altarraumes und der Umgestaltung des Turmraumes als Gedenkstätte für die Gefallenen in beiden Weltkriegen, die zur Kirchgemeinde gehörten. Der Kirchturm, der 1919 abgebrannt war, war zu jener Zeit bereits mit zwei massiven Giebeln neu errichtet worden. Der Altar ist eine wertvolle Schnitzarbeit einer Stettiner Schnitzschule aus der 2. Hälfte des 15. Jahrhunderts. Die Taufschale und die Altarleuchter sind Messingtreibarbeiten aus dem Jahre 1650. Das Kruzifix ist eine schwedische Schnitzarbeit aus dem 15. Jahrhundert und wird als "das Kreuz von Vineta" bezeichnet. Koserower Fischer sollen es vor langer Zeit aus der Ostsee gefischt haben und übereigneten es der Kirche. Den Kronleuchter schenkten Zempiner Fischer der Kirche als Dank für den überreichen Bleifang im Achterwasser am 6. Januar 1900. Das Schiffsmodell ist eine Stiftung des Ückeritzer Fischers J. Labahn aus dem Jahre 1823 als Dank für die Rettung aus Seenot. Um die Kirche herum liegt der von prächtigen Kastanienbäumen umgebene Kirchhof, der bis 1860 als Begräbnisstelle diente und damals als Seemannsfriedhof bezeichnet wurde. Der schon erwähnte Franz Woenig, der oft in Koserow als Badegast weilte, hat die Gräberflur im vergangenen Jahrhundert in einem Gedicht beschrieben, das statt einer weiteren Schilderung hier Platz finden mag.

Seemanns-Friedhof in Coserow

In des Frühlings grüner Wildnis
Webt der Wind mit leichten Flügeln,
Und ein Wald von Blütendolden
Nickt auf den gesunk'nen Hügeln.

Wilder Hopfen, Heiderosen
Schlingen ihre dorn'gen Ranken
Um die alten, morschen Kreuze
Aus zerschellten Masten, Planken.

Strandgut hier und Strandgut dorten
Wohlgeborgen nun im Hafen,
Strandgut auch die Namenlosen,
Die im tiefen Grunde schlafen.

Tausend unentwirrte Rätsel
Deckt des Friedhofs sand'ge Welle,
Drüben hin im Sonnenglanze
Sproßt's und blüht's in lichter Helle.

Auf die Bezeichnung "Seemannsfriedhof" hat der Begräbnisplatz wohl ein Recht gehabt, denn früher war das Leben fast sämtlicher Ortsbewohner mit dem Meer eng verknüpft, enger als jetzt, wie der folgende Abschnitt zeigt.

ESSO Station Friedhelm Lietz   An der B 111, 17459 Koserow

- 24-Stunden Dienst
- Raststätte
- Shop
- Backshop
- SB-Wäsche
- Ölwechsel

Telefon
038375/20152
Telefax
038375/20153

Fischer, Fischerei und Salzhütten

Koserow war und ist das Heimatdorf auch von Fischern und Seeleuten. Waren doch die männlichen Einwohner im Mittelalter Bauern und Fischer zugleich, bis sich später der eigenständige Beruf der Fischer herausbildete. Diese Entwicklung ging einher mit dem sich ständig vergrößernden Handels- und Warenaustausch. Zunächst wurde fast ausschließlich im Lassanschen Wasser gefischt, wie sich früher das Achterwasser nannte. Diese Tatsache ist auch dem Umstand geschuldet, daß die Fischer sich keine teuren Boote leisten konnten, die seetüchtig für die Ostsee gewesen wären. Erst als der preußische Staat die sich herausgebildeten Fischereigenossenschaften mit Darlehen in Höhe von 1.500 Goldmark unterstützte, war der Bau von solchen Schiffen und Booten nach schwedischem Muster möglich. Diese staatliche Unterstützung erfolgte auch deshalb, um der schwedischen Konkurrenz an der pommerschen Ostseeküste wirksam zu begegnen. Schweden war für die Koserower Fischer bis 1815 ja immer noch das Land hinter der Peene. Die preußische Regierung unterstützte die Ostseefischer wenige Jahre später auch mit dem Bau eines Fischerei-Nothafens auf der Greifswalder Oie sowie mit der Installation einer Sturmwarnungsanlage und dem Bau des Leuchtturmes (1855). Zuvor und auch später noch war die Fischerei im Lassanschen Wasser jedoch lohnend, wenngleich die geltenden Bestimmungen die Einkünfte der Fischer erheblich schmälerten. So waren die gefangenen edleren Fischarten wie Lachs und Stör sämtlich am Herzogshof zu Pommern Wolgast abzuliefern. Diese Fischarten galten als "Fürstliche Fische". Ferner war jeder 3. Pfennig von dem Erlös der verkauften Fische an das Herzogshaus abzuliefern. Zusammen mit den 5 Gulden jährlicher Steuer, die die Besitzer von Zeesenkähnen zu zahlen hatten, nahm das Herzogshaus jährlich 3000 Gulden ein. Zählt man die Abgaben an das Kloster Grobe, später Pudagla, hinzu, so blieb den Fischern nicht allzuviel. Es war deshalb schon ein Glücksfall besonderer Art, wenn Fänge so reichlich ausfielen wie jener, von dem man sich heute noch gelegentlich erzählt. Ein solch reichlicher Fang gelang den Zempiner Fischern mit ihrem großen Eisgarn am 6. Januar 1900 im Achterwasser. An diesem Tage befanden sich 550 Zentner Bleie (Brachsen) in ihrem Netz. Der Fang hatte einen Wert von 12 000 Mark. Sieht man aber von solchen Glücksfällen ab, so war eigentlich nur die Heringsfischerei in der Ostsee im Frühjahr und im Herbst erfolgversprechend. Der Hering soll, wie Chronisten berichten, in manchen Jahren in solchen Mengen aufgetreten sein, daß man die Heringswaden mit Pferden aus dem Wasser ziehen mußte. Mangels dementsprechenden Absatzes wurde der Hering zum Düngen des Ackers benutzt. Die Chronik weiß zu berichten, daß zeitweilig aber auch der Hering ganz ausblieb. Das Ausbleiben der Heringsschwärme hatte, wie der Volksmund berichtete, folgende Bewandtnis: "Fischer aus den Stranddörfern hätten einmal nach überreichen Fängen einen Hering mit Nadeln gespickt und dann wieder ins Meer gesetzt. Deshalb sei der Hering ausgeblieben." Der Hering kam aber wieder und die Fänge waren oft sehr lohnend. Das Problem bestand jedoch darin, die reichlichen Fänge haltbar zu machen, um sie der menschlichen Ernährung zuzuführen. Seitdem unter Friedrich dem Großen der Kartoffelanbau in Pommern in Schwung gekommen war, begann auch der Hering in wachsendem Maße, "das Fleisch des armen Mannes" zu werden. Auch die Koserower Fischer wurden nun durch den damaligen pommerschen Oberpräsidenten Johann August Sack veranlaßt, Heringe einzusalzen und diese Aufgabe unmittelbar am Strand bei ihren Fischerhütten vorzunehmen. Der Staat stellte den Fischern dazu steuervergünstigtes Salz zur Verfügung, über das sorgfältig Buch geführt werden mußte, wozu staatliche Aufsichtspersonen bestellt waren. In dieser Zeit entstanden die Salzhütten

Alte Salzhütten in Koserow

der Fischer am westlichen Ortseingang von Koserow. Im Sommer des Jahres 1820 hat König Friedrich Wilhelm III., der mit seinen Söhnen eine Rundreise durch Pommern machte, Fischerhütten an der Ostseeküste besucht und sich vom Einsalzen der Heringe selbst überzeugt. Diese Strandsiedlung wurde alsbald "Heringsdorf" genannt. Zum Salzen eines Fasses (Tonne) Heringe mit einem Fassungsvermögen von 1500 bis 1700 Heringen benötigte man ca. 45 kg Salz. Im Jahre 1830 wurden auf der Insel Usedom 1752 Fässer Heringe gesalzen. Während der Heringsfangsaison im Frühjahr und im Herbst wurden in diesen Hütten unter staatlicher Aufsicht die Heringe gesalzen und verpackt; man nannte sie deshalb auch Heringspackhütten. Eine Anweisung aus dem Jahre 1860 beschreibt das Einsalzen von Heringen wie folgt: "Zuerst wird der Boden der Tonne mit Salz bestreut, worauf man Fische mit dem Rücken nach unten lagenweise dergestalt verpackt, daß die folgende Lage kreuzweise über die untere zu liegen kommt und jede Lage wieder mit Salz besprengt wird. Doch dürfen die Heringe nicht zu enge aneinander liegen, damit sie sich nicht drücken, noch die Lake gehindert wird, jeden einzelnen Fisch zu benetzen. Ist die Tonne gefüllt, so wartet man bis die

Heringe sich gesetzt haben. Ist die Tonne ganz voll, so kann sie zugeschlagen werden." Nach dem Einsalzen wurde jedes Faß durch den Wraker (wraken = beschauen) geprüft und anschließend vom Böttcher zugeschlagen. Nun versah man die Fässer mit einer Marke, die die Güte der Heringe kennzeichnete. Der große Hering bekam einen Adler (1. Sorte) und der kleine Hering zwei Adler (2. Sorte). Jetzt erst konnte der gesalzene Hering, der als wichtiges Nahrungsmittel diente, in den Handel kommen. Diese Salzereien entstanden überall an der Ostseeküste. Es bedurfte deshalb staatlicher Regelungen, wohin die Tonnen gesalzener Heringe von den Fischern zu liefern waren. So hieß es dann im Amtsblatt der Königlichen Regierung zu Stettin vom 12. März 1880: "Wir haben in Gemeinschaft mit der königlichen Regierung in Stralsund zur Competenz-Abgrenzung der Wrak-Anstalten für Salzheringe zu Wolgast und Swinemünde in Betreff der Heringssalzereien der Insel Usedom bestimmt, daß die Heringe aus den Ortschaften von Zinnowitz ab und weiter westlich in Wolgast, die Heringe aus den Ortschaften östlich von Zinnowitz in Swinemünde zur Wrake zu bringen sind. Das Wraken der Salzheringe bei einer anderen, als der vorbestimmten Wrakanstalt ist verboten. Königl. Regierung. Abteilung des Innern." Die Blüte der Heringssalzereien am Strand war 1896 aber schon beendet. In einem Bericht aus diesem Jahre heißt es dazu: "Die Heringssalzereien, welche hier früher florierten, sind im Laufe der Jahre fast gänzlich eingegangen, auch teils infolge der Massenzubereitung für längere Dauer in den Konservenfabriken." In Koserow betrieben um 1860 insgesamt 31 Familien die Fischerei und das Einsalzen und Braten von Fischen. Zu ihrem Eigentum gehörten 9 Boote. So lebten mehr als die Hälfte aller Familien von der Fischerei. Die ursprünglichen Salzhütten wurden von den großen Sturmfluten 1872 und 1874 zerstört. Danach wurden sie wieder aufgebaut und dienten den Fischern fortan als Arbeitsstätte und Geräteraum sowie zur Lagerung der Netze. Dementsprechend wurden sie auch einfach als Fischerhütten bezeichnet. Um 1900 standen in Koserow ca. 15 solcher Fischerhütten. Durch die Entwicklung des Badeverkehrs seit der zweiten Hälfte des vorigen Jahrhunderts, als sich eine neue Erwerbsquelle den Fischerfamilien bot, nahm die Anzahl der

Fischer am Koserower Strand

Fischer im Ort kontinuierlich ab. Dadurch gingen auch viele Fischerhütten verloren. Heute steht das gesamte Ensemble der Koserower Salzhütten unter Denkmalschutz. Die Salzhütten, die alle mit Schilf gedeckt sind, stellen ein typisches Element der regionalspezifischen maritimen Bausubstanz der Küstengegend dar. Sie wurden in den verschiedenen Bauweisen errichtet: Fachwerkkonstruktion mit Lehmstaken oder Backsteinausfachung, einfache Bretterhütten und massiv errichtete Hütten. Sie verdienen unsere Aufmerksamkeit ebenso wie die Koserower Fischer, die hier ihren Fischerstrand haben und ihrer teilweise schweren und harten Arbeit nachgehen.

Von einigen heute hier tätigen Fischern soll hier erzählt werden. Es war das Jahr 1947, als der heute 78jährige Johannes Looks nach Koserow kam. Zu dieser Zeit zählte der Ort noch 47 Fischer. Heute sind noch ganze zwei Berufsfischer in Koserow tätig und fünf sogenannte "Hobbyfischer" (ehemalige Berufsfischer, die heute Rentner oder Vorrentner sind). Berufsfischer sind gegenwärtig Udo Wachholz und sein Kollege Bernd Sadewasser. Zu den "Hobbyfischern" zählen sich Johannes Looks, Gustav Ohm, Gerhard Freitag, Helmut Lüder und Heinrich Gutsmann.

Die harte Arbeit der Fischer und der Rückgang der Fänge hatte viele der Fischer in andere Berufe abwandern lassen. Die Fischer gehörten zu DDR-Zeiten zur Fischereigenossenschaft Zempin. Der Absatz der gefangenen Fische war über die Genossenschaft gesichert und der Erlös gut, weil der Staat die Fänge subventionierte. Die Fischer erhielten für ihren Fisch mehr Geld als die Kunden dafür im Fischgeschäft bezahlen mußten. Gerne erinnert sich Johannes Looks jener Zeit, als er zusammen mit Paul Tiefert auf Fischfang ging oder später mit Ernst Koopmann, Gerhard Pump und Erich Bahr in einem Boot saß. Auch die Zeit als Zivilangestellter der NVA auf einem Bergungsschlepper und seine Arbeit bei der hydrologischen Wetterstation Warnemünde in Koserow ist ihm in guter Erinnerung. Jetzt noch als Rentner ist er ehrenamtlich für das Schiffahrtsamt Stralsund tätig, für das er täglich den Pegelstand an der Seebrücke mißt und aufzeichnet. Was immer er in der Vergangenheit tat und heute noch tut, jede freie Zeit gehört der Fischerei. Er sagt: "Wenn man einmal über viele Jahre den Beruf als Fischer ausgeübt hat und täglich mit der See verbunden war, den läßt die See und die Fischerei nicht mehr los." Deshalb ist er als Rentner "Hobbyfischer" geworden und fährt nun nur noch

Fischer Johannes Looks - ältester Fischer in Koserow

gelegentlich mit zum Fischen raus. "Natürlich", so versichert er, "nur für den Eigenbedarf". In Wirklichkeit braucht er den täglichen Kontakt mit den Fischern wie die Luft zum Leben, und er muß das Meer beschnuppern. Er erzählt von einem Tag im Januar 1949: "An diesem Tag, wir waren zum Fischen unterwegs und wollten Netze auslegen, kam plötzlich ein Nordoststurm auf. Die Netze waren noch längst nicht im Wasser, als uns vorbeifahrende Kutter winkten, doch sofort umzukehren. Nach einer Weile, die See war immer stürmischer geworden, standen unsere Netze im Wasser, und wir wendeten, um rasch an das Koserower Ufer zu gelangen. Auf der Höhe der Buhnen, schon nahe am Strand, erwischte uns eine hohe Welle an der Backbordseite und schlug unser Boot um. Die gleiche Welle trug uns noch ein Stück landwärts. Wir verspürten Boden unter den Füßen und konnten dem eiskalten Wasser entrinnen. Diese hohe Welle, die uns das Unglück brachte, hatte uns gleichzeitig aber auch Boden unter den Füßen gebracht und uns so gleichzeitig gerettet. Wir wären sonst an diesem Tage in den kalten Fluten ertrunken." Brenzliche Situationen hat jeder Fischer einmal zu bestehen, aber es kümmert sich immer einer um den anderen. Glückliche Stunden erlebt der Fischer immer dann, wenn er einen guten Fang ins Boot ziehen kann. "Einen solchen glücklichen Tag erlebte ich 1974, als ich auf der Höhe der Buhnen 120 Pfund Aal einholen konnte." Den 15pfündigen Lachs aus dem Jahre 1993 wollte er eigentlich nicht nennen und trotzdem war er ein wenig stolz darauf, denn Lachs fängt man ja nicht alle Tage. Sieht man Johannes Looks am Strand, so merkt man ihm die 78 Lenze nicht an. Das Fahrrad an seiner Seite sorgt für seine Mobilität, wenn er schon früh am Tage zum Strand und zu den Fischern unterwegs ist. Selbstverständlich für alle Fischer am Strand ist, daß einer dem anderen hilft und zur Seite steht. Es bedarf keiner Aufforderung, das Boot auf den Strand ziehen zu helfen, wenn einer anlandet. Ebenso selbstverständlich ist, daß man den Fang begutachtet. Sie sind wie eine große Familie, die Fischer von Koserow, mit einem feinen Gespür für die Gemeinschaft.

Die Umgebung von Koserow

Unmittelbar am Streckelsberg vorbei führt der Radweg, der 1993 fertiggestellt wurde und Radwanderungen entlang des Küstenwaldes nach Osten oder Westen ermöglicht. Nach Osten erreicht man als nächstes Ziel das Ostseebad Kölpinsee, einem Ortsteil der Gemeinde Loddin. Es lohnt sich, am Kölpinsee (früher Schwanensee) zu verweilen. Hier tummeln sich viele Wildenten und Schwäne, die darauf warten, von den Besuchern gefüttert zu werden. Eine kleine Oase am See lädt zur Rast ein, bevor man nach Loddin fährt, um dem alten Bauern- und Fischerdorf, das sich bis zum Achterwasser erstreckt, einen Besuch abzustatten. Dieser Ort war weit früher besiedelt als Kölpinsee, das erst Ende des vergangenen Jahrhunderts als Seebad entstand. Wieder am Radweg angelangt, sollte die Fahrt nach Osten fortgesetzt werden. Man erreicht zuerst die Ortschaft Stubbenfelde und danach das Seebad Ückeritz. Hier angekommen, sollte der Naturlehrpfad besucht werden, der sich in der Nähe des Campingplatzes befindet. Inmitten dieses Lehrpfades entdeckt sich uns der Wokninsee, ein ehemaliger Strandsee, der zum größten Teil

Radweg in Koserow

Der Schrödterstein auf dem Streckelsberg

bereits verlandet ist. Es kann ein Hochstand bestiegen werden, von dem aus man einen schönen Blick über den See hat, der viele Wasservögel beherbergt, darunter Fischreiher, die hier ihren Nistplatz haben. In südöstlicher Richtung erreicht man von hier aus die B 111. Man überquert den Bahnübergang in westlicher Richtung und sieht alsbald links einen Waldweg, der zur Försterei und zum Hafen Stagnieß führt. Der ehemalige Umschlaghafen wird nun von Fischern und Seglern genutzt und ist sehr geschützt gelegen. Wer den gleichen Weg zurück nicht mehr mit dem Rad zurücklegen möchte, kann von jeder Bahnstation mit der Inselbahn die Rückfahrt antreten, die im Stundentakt in Richtung Ahlbeck oder Wolgast fährt. Vom Koserower Streckelsberg ist aber auch eine Tour auf dem Radweg in Richtung Westen empfehlenswert. Sie führt zunächst an den Koserower Salzhütten vorbei und dann auf der Deichkrone in Richtung Zempin. Auf halber Strecke zwischen Zempin und Koserow lenkt ein kleines Anwesen links der Straße und der Eisenbahnlinie die Aufmerksamkeit auf sich. Es ist dies das Anwesen "Lüttenort", die ehemalige Wirkungsstätte des bekannten Malers Otto Niemeyer-Holstein. Frau Franka Jordan sagt darüber: "Lüttenort ist der

Museum - Otto Niemeyer-Holstein

Ort des Segelbootes "Lütten", mit dem der Maler Otto Niemeyer-Holstein 1932 zum ersten Mal an der schmalsten Stelle der Insel Usedom anlegte. Aus einem öden Sandflecken schuf er ein Refugium, eine ihm entsprechende Lebenswelt, seinen Malgarten. Die Räume, Häuser und Gartenwinkel widerspiegeln seinen Lebensweg: Kiel, 1. WK, Ascona (Schweiz), Berlin; seine Einstellung zum Leben und seine Auffassung von Kunst. Umgeben von einer Landschaft, die seinem Temperament entsprach, entstand ein unverwechselbarer Malstil. Sein Prinzip war es, immer direkt vor der Natur, dem jeweiligen Motiv zu malen. Das, was Otto Niemeyer-Holstein sah und für sich verarbeitete und abstrahierte, verlor nie den direkten Zusammenhang zur Wirklichkeit. Die Landschaft beruhigte ihn nicht, sondern forderte ihn mit noch ungemalten Bildern immer wieder heraus. Die Wohn- und Arbeitsstätte des Malers Otto Niemeyer-Holstein (1896 - 1984) ist heute Personalmuseum und vermittelt dem Besucher Kunst und Naturerlebnis, ihm eröffnen sich die enge Bindung des Malers zur Landschaft der Ostseeküste und des Achterwassers, Bilderlebnis und künstlerische Mitteilung zugleich. Der Wanderer sollte hier in Lüttenort unbedingt Station machen. Von Lüttenort erreicht man nach knappen 10 Minuten des Seebad Zempin und nach weiteren 15 Minuten das Ostseebad Zinnowitz. In Zinnowitz empfiehlt sich ein Spaziergang auf der schön gestalteten Promenade und der 1993 neu erbauten Seebrücke. Ebenso ist der Besuch der Meerwasserschwimmhalle empfehlenswert. Ein Abstecher zum Zinnowitzer Yachthafen, am Achterwasser gelegen, vervollständigt das Ausflugserlebnis. Die Gaststätten Meiereihof und am Yachthafen entschädigen mit ihrem reichhaltigen Angebot für die Rad- oder Wandertour. Von hier aus sind Fahrten mit einem Motorschiff auf dem Achterwasser oder der Peene möglich.

Forsthaus Damerow und der Koserower Bootshafen

Wanderern sei empfohlen, eine Wanderung zum "Forsthaus Damerow" zu unternehmen. Der Wanderweg führt an den Salzhütten vorbei auf der Straße in Richtung Zempin. Verläßt man Koserow, so führt nach etwa 100 Metern ein Weg links der Straße durch ein Waldstück. Dieser Waldweg stößt nach weiteren 200 Metern auf die B 111, die hier als Umgehungsstraße ausgebaut ist. Jetzt gilt es, die Straße und das Bahngleis zu überqueren, um in jenes Waldstück zu gelangen, in dem sich der Ferienkomplex Damerow und das Restaurant "Forsthaus Damerow" befinden. Nach einer Erfrischung und Stärkung empfiehlt sich die Fortsetzung der Wanderung geradewegs in Richtung Achterwasser und von hier aus linker Hand auf dem Deich zum Koserower Bootshafen. Hier kann man den Seglern zuschauen oder selbst ein Ruderboot mieten und eine Fahrt auf dem Achterwasser wagen. Der Rückweg nach Koserow führt vom Bootshafen dem Weg folgend über die B 111 in den Ort. Hier nahe der Kirche befand sich der Ursprung des Ortes. Besuchen Sie die Koserower Kirche und kehren Sie dann zum Ausgangspunkt der Wanderung zurück.

Die Wikinger auf der Insel Usedom

Es ist unbestritten, daß die Küstenorte der Insel Usedom in grauer Vorzeit, etwa im 8. Jahrhundert, von den Wikingern heimgesucht wurden. Sie besaßen seegängige Schiffe und waren tüchtige Seefahrer. Sie nannten sich Joms-Wikinger und waren an den Auseinandersetzungen der dänischen und schwedischen Wikinger mit polnischen Herzögen beteiligt. Am 9. Oktober 1993 fand bei Lüttenort das Vineta-Experiment statt; ein Vorhaben, bei dem der Weltenbummler Burghard Pieske als Regisseur auf seiner "Viking Saga" die Theorie widerlegte, daß die Wikinger bei dem Transport ihrer Schiffe über Land nicht "rollende Baumstämme" benutzten, sondern ihre Schiffe vielmehr gleitenderweise durch das Schälen der Rinde geschlagener Stämme vorwärts bewegten.

Wikinger überqueren die Landenge bei Lüttenort

Trotz widriger Witterungsverhältnisse wurde die Theorie an diesem Tage durch die Praxis bestätigt. Dabei überquerte die "Viking Saga" das Bahngleis, die B 111 und den Deich. Nach 2 Stunden lag das Boot am Strand der Ostsee und hatte 350 m "Landfahrt" bestanden. Es stimmte auch der äußere Rahmen. Verkleidete Seefahrer in Wikingertracht hatten das Boot mit Seilen über Land gezogen. Waren zunächst nur Hunderte Zuschauer zugegen, so zählte man alsbald Tausende. Wir verweisen auf dieses Experiment, weil auch 1994 und in den folgenden Jahren "Wikinger Lager" auf der Insel Usedom geplant sind. Sie werden den Besuchern ein Kulturerlebnis von einzigartigem Reiz bieten und damit ein Erlebnis besonderer Art. Man informiere sich also beim Fremdenverkehrsamt, wo solche Lager stattfinden.

Burghard Pieske als Wikinger

Sommer in Koserow

geschrieben von Prof. Beyer, Greifswald - 1934

Als des Amtes steife Würde
Lange ich getragen hatt',
Als von vieler Arbeit Bürde
Leib und Seele wurden matt,
Als die Sehnsucht mich durchfuhr
Nach dem Frieden der Natur,
Als dem Alltag ich entfloh,
Locktest du mich, Koserow.

Und ich lag an deinem Strande,
Der so weich und silberweiß,
Und es suchte mich im Sande
Goldne Sonne sommerheiß,
Und ich wich aus ihrer Glut
In die kühle, grüne Flut.
Nirgends war ich ja so froh
Als in dir, mein Koserow.

Wo sich Wald und See vermählen,
Geht der Blick von Höhen weit,
Alte Sagen still erzählen
Von vergangner Wunderzeit:
Aus Vineta klingen Glocken,
Und der Bernsteinhexe Locken
Huschen durch die Wälder so
wie dereinst in Koserow.

Strand du unterm Bergesgipfel,
Sel'ges Kinderparadies,
Das im Sang der Buchenwipfel
Holde Freuden mir verhieß,
An dein frohes Sommerglück
Denk ich lange noch zurück;
In der Ferne irgendwo
Träum ich noch von Koserow.

Quellenverzeichnis
- Pomerania, 1. und 2. Band, Stettin 1748 - Codex Pomeraniae Diplomaticus, Greifswald 1843 - Robert Burghardt, Chronik der Insel Usedom 1912 - Bertholdt Heberlein, Chronik der Stadt Wolgast - Wolgaster Anzeiger, Nr. 21, vom 18. 2. 1893 - Wolgaster Anzeiger, Nr. 100, vom 20. 8. 1895 - Wolgaster Anzeiger, Nr. 69, vom 23. 3. 1906 - Amtsblatt der Königl. Regierung Stettin vom 12. 3. 1880 - C. H. F. Koch, Das Seebad Coserow auf Usedom, Berlin 1867 - C. H. F. Koch, Strand und See, Swinemünde 1874 - M. Hesse, 90 Jahre Badeort Koserow, 1936 - F. Jeschek, Chronik Koserow (unveröffentl. Manuskript) - H. Lehmann, Die Entwicklung der Amtsdörfer a. Usedom OZ 1989
Fotonachweis
Archiv Dr. Jeschek (27), Ulrich Baenz (12), Foto Adrion (2), J. Feest (1)

Appartmenthaus
Appartments Zimmer Gaststätte

"Elisabeth"

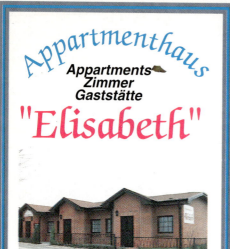

Henni & Wolfgang Schulze
Jugendweg 7, 17459 Koserow
Telefon (038375) 2 01 71

COLORFOTO-EXPRESS-SERVICE
FOTO ADRION - ZINNOWITZ
Heute gebracht, bis morgen gemacht!

ANNAMESTELLE KOSEROW:
Souvenir- und Strandbedarf
Brigitte Heyn
Förster - Schröter - Straße 2
Telefon 038375 / 20628

PENSION - LANDHAUS
HERKULES
Inh. G. Schmidt

behagliche Ferienzimmer und Appartements
mit TV und Selbstwahltelefon
Sauna, Solarium - Hausbar
2 Minuten bis zum Strand, ganzjährig geöffnet

17459 Koserow/Insel Usedom, Karlstraße 9, Tel. 038375/2 01 43

Wild- und Fischgerichte
Forsthaus Damerow
HOTEL & RESTAURANT

Spezialitätenrestaurant

17459 Koserow / Damerow
Tel. (038375) 7337 / 7338
Fax (038375) 7339

**30 HOTELZIMMER
56 FERIENBUNGALOW
2 RESTAURANTS • CAFE
TERRASSE • BIERGARTEN
KONFERENZ / TAGUNGSRÄUME**